L'UNION

Compagnie d'Assurances

SUR LA VIE HUMAINE

Almanach

POUR

1875

PARIS

IMPRIMERIE CENTRALE DES CHEMINS DE FER

A. CHAIX ET Cⁱᵉ

RUE BERGÈRE, 20, PRÈS DU BOULEVARD MONTMARTRE, PARIS.

1875

L'UNION

Compagnie d'Assurances

SUR LA VIE HUMAINE

Almanach

POUR

1875

PARIS

IMPRIMERIE CENTRALE DES CHEMINS DE FER

A. CHAIX ET Cie

RUE BERGÈRE, 20, PRÈS DU BOULEVARD MONTMARTRE, PARIS.

1875

RAPPORTS CHRONOLOGIQUES

L'an de grâce 1875 correspond à l'année :

6588 de la période Julienne ;

2651 des Olympiades, ou la 3ᵉ année de la 663ᵉ Olympiade ;

2628 de la fondation de Rome, selon Varron ;

2622 depuis l'ère de Nabonassar, premier roi de l'empire de Babylone (746 ans avant Jésus-Christ) ;

1292 des Turcs ou de l'Hégire, qui commence le 7 février 1875.

Chez les Russes, qui suivent le calendrier Julien, l'année 1875 commence 13 jours plus tard : le mercredi 13 janvier.

FÊTES MOBILES

Septuagésime. . . .	24 janvier.		Ascension.	6 mai.
Cendres	10 février.		Pentecôte.	16 mai.
Pâques.	28 mars.		Trinité.	23 mai.
Rogations	3, 4 et 5 mai		Fête-Dieu.	27 mai.

Premier dimanche de l'Avent. . 28 novembre.

COMMENCEMENT DES QUATRE SAISONS

Printemps .	le 21 mars	à 0 h. 31 m. du matin.	
Été	le 21 juin	à 8 h. 56 m. du soir.	Temps moyen
Automne. .	le 23 septembre	à 11 h. 24 m. du matin.	de Paris.
Hiver . . .	le 22 décembre	à 5 h. 25 m. du matin.	

ÉCLIPSES

Il y aura, en 1875, deux éclipses de soleil ; il n'y aura pas d'éclipses de lune.

6 avril. — Éclipse totale de soleil, invisible à Paris, visible à l'est de l'Asie, au sud et à l'est de l'Afrique méridionale, au nord de l'Australie et dans une partie de l'Océanie.

29 septembre. — Éclipse annulaire de soleil, en partie visible à Paris, visible à l'ouest de l'Europe, au sud-ouest de l'Arabie, en Afrique, dans l'océan Atlantique, à l'est de l'Amérique du Nord, au nord-ouest de l'Amérique du Sud.

A	Commencement de l'éclipse le 29 à 11 h. 38ᵐ,3 m.		Temps moyen
	Milieu de l'éclipse . . . . — 0 h. 20ᵐ,9 s..		
Paris :	Fin de l'éclipse . . . . . — 1 h. 3ᵐ,4 s.		de Paris.
	Grandeur : les 0,126 du diamètre solaire.		

1875 — JANVIER — 1875

Jours du mois.	JOURS de la semaine	DÉSIGNATION.	LEVER du Soleil.		COUCHER		LEVER de la Lune.		COUCHER		Jours de la Lune.
			h.	m.	h.	m.	h.	m.	h.	m.	
1	Vendredi.	Circoncision.	7	56	4	12	1 matin 46		0 soir 10		24
2	Samedi.	s. Basile.	7	56	4	13	2	55	0 soir 25		23
3	Dimanche.	ste Geneviève.	7	56	4	14	4	6	0	46	26
4	Lundi.	s. Rigobert.	7	56	4	15	5	15	1	13	27
5	Mardi.	s. Siméon. *V.J.*	7	55	4	16	6	25	1	48	28
6	Mercredi.	L'Épiphanie.	7	55	4	17	7	28	2	35	29
7	Jeudi.	Noces.	7	55	4	18	8	22	3	34	30
8	Vendredi.	s. Lucien.	7	55	4	19	9	3	4	46	1
9	Samedi.	s. Pierre, év.	7	54	4	21	9	35	6	7	2
10	Dimanche.	s. Paul, erm.	7	54	4	22	9	58	7	27	3
11	Lundi.	s. Théodore.	7	53	4	23	10	17	8	47	4
12	Mardi.	s. Arcade.	7	53	4	25	10	32	10	7	5
13	Mercredi.	Bapt. de J.-C.	7	52	4	26	10	49	11	20	6
14	Jeudi.	s. Hilaire.	7	52	4	27	11	5	—		7
15	Vendredi.	s. Maur.	7	51	4	29	11	23	0 matin 47		8
16	Samedi.	s. Guillaume.	7	50	4	30	11	44	2 matin 11		9
17	Dimanche.	s. Antoine.	7	49	4	32	0 soir 12		3	36	10
18	Lundi.	Ch. s. Pierre à R.	7	49	4	33	0 soir 50		5	1	11
19	Mardi.	s. Sulpice.	7	48	4	35	1	42	6	17	12
20	Mercredi.	s. Sébastien.	7	47	4	36	2	50	7	19	13
21	Jeudi.	ste Agnès.	7	46	4	38	4	7	8	6	14
22	Vendredi.	s. Vincent.	7	45	4	39	5	28	8	38	15
23	Samedi.	s. Ildefonse.	7	44	4	41	6	42	9	3	16
24	Dimanche.	*Septuagésime.*	7	43	4	42	8	2	9	21	17
25	Lundi.	Conv. de s. Paul.	7	42	4	44	9	14	9	30	18
26	Mardi.	ste Paule.	7	41	4	46	10	23	9	49	19
27	Mercredi.	s. Julien.	7	39	4	47	11	31	10	2	20
28	Jeudi.	s. Charlemagne.	7	38	4	49	—		10	15	21
29	Vendredi.	s. Franç. de S.	7	37	4	50	0 matin 39		10	30	22
30	Samedi.	ste Bathilde.	7	36	4	52	1 matin 49		10	49	23
31	Dimanche.	*Sexagésime.*	7	34	4	54	2	59	11	11	24

Lever du soleil le 1, à 7 h. 56 m.   N. L. le 7, à 5 h. 17 m. du soir.
—   —   16, à 7 h. 50 m.   P. Q. le 14, à 9 h. 31 m. du soir.
Coucher du soleil le 1, à 4 h. 12 m.   P. L. le 21, à 5 h. 30 m. du soir.
—   —   16, à 4 h. 30 m.   D. Q. le 29, à 0 h. 43 m. du soir.

Les jours croissent de 22 minutes le matin, et de 42 minutes le soir.

1875 — FÉVRIER — 1875

Jours du mois.	JOURS de la semaine	DÉSIGNATION.	LEVER du Soleil. h.	m.	COUCHER du Soleil. h.	m.	LEVER de la Lune. h.	m.	COUCHER de la Lune. h.	m.	Jours de la Lune.
1	Lundi.	s. Ignace.	7	33	4	55	4 matin 9		11 matin 42		25
2	Mardi.	*Purification.*	7	32	4	57	5 matin 10		0 soir 25		26
3	Mercredi.	s. Blaise.	7	30	4	59	6	13	1 soir 20		27
4	Jeudi.	s. Gilbert.	7	29	5	0	6	59	2	28	28
5	Vendredi.	s^{te} Agathe.	7	27	5	2	7	34	3	46	29
6	Samedi.	s. Waast.	7	26	5	3	8	1	5	3	1
7	DIMANCHE.	*Quinquagésime.*	7	24	5	5	8	22	6	25	2
8	Lundi.	s. Jean de M.	7	23	5	7	8	40	7	47	3
9	Mardi.	*Mardi gras.*	7	21	5	9	8	55	9	13	4
10	Mercredi.	LES CENDRES.	7	19	5	10	9	11	10	35	5
11	Jeudi.	s. Séverin.	7	18	5	12	9	28	11	39	6
12	Vendredi.	s^{te} Eulalie.	7	16	5	14	9	48			7
13	Samedi.	s. Polyeucte.	7	14	5	15	10	14	1 matin 24		8
14	DIMANCHE.	*Quadragésime.*	7	13	5	17	10	47	2 matin 48		9
15	Lundi.	s. Faustin.	7	11	5	18	11	33	4	7	10
16	Mardi.	s. Onésime.	7	9	5	20	0 soir 35		5	12	11
17	Mercredi.	s. Théodule Q.T.	7	8	5	22	1 soir 47		6	2	12
18	Jeudi.	s. Siméon.	7	6	5	23	3	6	6	39	13
19	Vendredi.	s. Gobin.	7	4	5	25	4	25	7	5	14
20	Samedi.	s. Silvain.	7	2	5	27	5	41	7	24	15
21	DIMANCHE.	*Reminiscere.*	7	0	5	28	6	55	7	40	16
22	Lundi.	s^{te} Isabelle.	6	58	5	30	8	5	7	55	17
23	Mardi.	s. Gérard.	6	56	5	32	9	15	8	7	18
24	Mercredi.	s. Mérault.	6	55	5	33	10	23	8	21	19
25	Jeudi.	s. Mathias.	6	53	5	35	11	33	8	34	20
26	Vendredi.	s. Porphyre.	6	51	5	36			8	50	21
27	Samedi.	s^{te} Honorine.	6	49	5	38	0 matin 43		9	11	22
28	DIMANCHE.	*Oculi.*	6	47	5	40	1 matin 54		9	39	23

Lever du soleil le 1, à 7 h. 33 m.
— 16, à 7 h. 9 m.
Coucher du soleil le 1, à 4 h. 55 m.
— 16, à 5 h. 20 m.

N. L. le 6 à 8 h. 4 m. du matin.
P. Q. le 13 à 5 h. 20 m. du matin.
P. L. le 20 à 8 h. 10 m. du matin.
D. Q. le 28 à 10 h. 1 m. du matin.

Les jours croissent de 47 minutes le matin, et de 46 minutes le soir.

1875 — MARS — 1875

Jours du mois	Jours de la semaine	DÉSIGNATION.	LEVER du Soleil h.	m.	COUCHER du Soleil h.	m.	LEVER de la Lune h.	m.	COUCHER de la Lune h.	m.	Jours de la Lune.
1	Lundi.	s. Aubin.	6	45	5	41	3	1 (matin)	10	14 (matin)	24
2	Mardi.	s. Simplice.	6	43	5	43	4	1	11	4	25
3	Mercredi.	ste Cunégonde.	6	41	5	44	4	53	0	7 (soir)	26
4	Jeudi.	s. Casimir.	6	39	5	46	5	32	1	19 (soir)	27
5	Vendredi.	s. Théophile.	6	37	5	47	6	3	2	43	28
6	Samedi.	ste Colette.	6	35	5	49	6	23	4	3	29
7	DIMANCHE.	Lætare.	6	33	5	51	6	45	5	28	30
8	Lundi.	s. Jean de D.	6	31	5	52	7	1	6	51	1
9	Mardi.	ste Françoise.	6	29	5	54	7	17	8	16	2
10	Mercredi.	s. Blanchard.	6	27	5	55	7	34	9	41	3
11	Jeudi.	s. Euloge.	6	25	5	57	7	52	11	9	4
12	Vendredi.	s. Paul, év.	6	23	5	58	8	16	—	—	5
13	Samedi.	ste Euphrasie.	6	20	6	0	8	47	0	36 (matin)	6
14	DIMANCHE.	LA PASSION.	6	18	6	1	9	29	1	58 (matin)	7
15	Lundi.	s. Zacharie.	6	16	6	3	10	26	3	8	8
16	Mardi.	ste Henriette.	6	14	6	4	11	36	4	2	9
17	Mercredi.	ste Gertrude.	6	12	6	6	0	52 (soir)	4	41	10
18	Jeudi.	s. Alexandre.	6	10	6	7	2	9 (soir)	5	10	11
19	Vendredi.	s. Joseph.	6	8	6	9	3	26	5	31	12
20	Samedi.	s. Joachim.	6	6	6	11	4	40	5	47	13
21	DIMANCHE.	Rameaux.	6	4	6	12	5	51	6	2	14
22	Lundi.	s. Émile.	6	2	6	14	7	0	6	15	15
23	Mardi.	s. Victorien.	5	59	6	15	8	8	6	27	16
24	Mercredi.	s. Flavius.	5	57	6	17	9	18	6	40	17
25	Jeudi.	ANNONCIATION.	5	55	6	18	10	29	6	56	18
26	Vendredi.	VENDREDI-SAINT.	5	53	6	19	11	39	7	15	19
27	Samedi.	s. Rupert.	5	51	6	21	—	—	7	38	20
28	DIMANCHE.	PAQUES.	5	49	6	22	0	48 (matin)	8	10	21
29	Lundi.	s. Frisgen.	5	47	6	24	1	51 (matin)	8	53	22
30	Mardi.	s. Amédée.	5	45	6	25	2	45	9	47	23
31	Mercredi.	ste Cornélie.	5	43	6	27	3	28	10	57	24

Lever du soleil le 1, à 6 h. 45 m.
— 16, à 6 h. 14 m.
Coucher du soleil le 1, à 5 h. 41 m.
— 16, à 6 h. 4 m.

N. L. le 7, à 8 h. 29 m. du soir.
P. Q. le 14, à 1 h. 15 m. du soir.
P. L. le 22, à 0 h. 1 m. du matin.
D. Q. le 30, à 4 h. 31 m. du matin.

Les jours croissent de 1 heure 3 minutes le matin, et de 47 minutes le soir.

1875 — AVRIL — 1875

Jours du mois.	JOURS de la semaine	DÉSIGNATION.	LEVER du Soleil.		COUCHER du Soleil.		LEVER de la Lune.		COUCHER de la Lune.		Jours de la Lune.
			h.	m.	h.	m.	h.	m.	h.	m.	
1	Jeudi.	s. Hugues.	5	41	6	28	4 matin 1		0 soir 10		25
2	Vendredi.	s. François-de-P.	5	38	6	30	4	27	1	34	26
3	Samedi.	s. Richard.	5	36	6	31	4	47	2	56	27
4	DIMANCHE.	*Quasimodo.*	5	34	6	33	5	4	4	19	28
5	Lundi.	Vincent Ferrier.	5	32	6	34	5	21	5	45	29
6	Mardi.	s. Célestin.	5	30	6	36	5	36	7	12	1
7	Mercredi.	s. Hégésippe.	5	28	6	37	5	54	8	44	2
8	Jeudi.	s. Edèze.	5	26	6	39	6	17	10	13	3
9	Vendredi.	sᵗᵉ Marie, égypt.	5	24	6	40	6	43	11	42	4
10	Samedi.	s. Fulbert.	5	22	6	42	7	25			5
11	DIMANCHE.	s. Godbert.	5	20	6	43	8	18	0 matin 58		6
12	Lundi.	s. Jules.	5	18	6	45	9	24	2	00	7
13	Mardi.	sᵗᵉ Sophie.	5	16	6	46	10	41	2	45	8
14	Mercredi.	s. Tiburce.	5	14	6	48	11	59	3	15	9
15	Jeudi.	s. Anicet.	5	12	6	49	1 soir 16		3	37	10
16	Vendredi.	s. Paterne.	5	10	6	51	2	29	3	56	11
17	Samedi.	s. Fructueux.	5	8	6	52	3	40	4	10	12
18	DIMANCHE.	s. Parfait.	5	6	6	54	4	49	4	22	13
19	Lundi.	s. Léon.	5	4	6	55	5	58	4	36	14
20	Mardi.	sᵗᵉ Agnès.	5	2	6	57	7	6	4	49	15
21	Mercredi.	s. Anselme.	5	0	6	58	8	16	5	3	16
22	Jeudi.	sᵗᵉ Opportune.	4	58	7	0	9	27	5	20	17
23	Vendredi.	s. Georges.	4	57	7	1	10	36	5	42	18
24	Samedi.	s. Léger.	4	55	7	2	11	42	6	10	19
25	DIMANCHE.	s. Marc.	4	53	7	4			6	50	20
26	Lundi.	s. Clet.	4	51	7	5	0 matin 30		7	40	21
27	Mardi.	s. Polycarpe.	4	49	7	7	1	26	8	42	22
28	Mercredi.	s. Vital.	4	48	7	8	2	1	0	53	23
29	Jeudi.	s. Robert.	4	46	7	10	2	29	11	11	24
30	Vendredi.	sᵗᵉ Eutrope.	4	44	7	11	2	50	0 soir 30		25

Lever du soleil le 1, à 5 h. 41 m.
— 16, à 5 h. 10 m.
Coucher du soleil le 1, à 6 h. 28 m.
— 16, à 6 h. 51 m.

N. L. le 6, à 6 h. 45 m. du matin.
P. Q. le 12, à 9 h. 42 m. du soir.
P. L. le 20, à 4 h. 39 m. du soir.
D. Q. le 28, à 7 h. 26 m. du soir.

Les jours croissent de 58 minutes le matin, et de 44 minutes le soir.

1875 — MAI — 1875

Jours du mois.	JOURS de la semaine	DÉSIGNATION.	LEVER du Soleil.		COUCHER du Soleil.		LEVER de la Lune.		COUCHER de la Lune.		Jours de la Lune.
			h.	m.	h.	m.	h.	m.	h.	m.	
1	Samedi.	s. Jacq. s. Phil.	4	42	7	13	3	7 *matin*	1	50 *soir*	26
2	DIMANCHE.	s. Athanase.	4	41	7	14	3	24	3	13	27
3	Lundi.	*Rogations.*	4	39	7	16	3	40	4	36	28
4	Mardi.	ste Monique.	4	37	7	17	3	57	6	5	29
5	Mercredi.	Conv. s. Aug.	4	36	7	19	4	16	7	38	30
6	Jeudi.	ASCENSION.	4	34	7	20	4	43	9	8	1
7	Vendredi.	s. Stanislas.	4	32	7	21	5	18	10	35	2
8	Samedi.	ste Désirée.	4	31	7	23	6	6	11	47	3
9	DIMANCHE.	s. Grégoire.	4	29	7	24	7	8	—		4
10	Lundi.	s. Gordien.	4	28	7	25	8	24	0	40 *matin*	5
11	Mardi.	s. Mamert.	4	26	7	27	9	44	1	16	6
12	Mercredi.	s. Pancrace.	4	25	7	28	11	3	1	41	7
13	Jeudi.	s. Gervais.	4	24	7	30	0	20 *soir*	2	1	8
14	Vendredi.	s. Pacome.	4	22	7	31	1	31	2	19	9
15	Samedi.	s. Isidore.	4	21	7	32	2	40	2	31	10
16	DIMANCHE.	PENTECOTE.	4	19	7	34	3	48	2	44	11
17	Lundi.	s. Pascal.	4	18	7	35	4	56	2	56	12
18	Mardi.	s. Venant.	4	17	7	36	6	6	3	10	13
19	Mercredi.	s. Yves. *Q. T.*	4	16	7	37	7	16	3	26	14
20	Jeudi.	s. Bernardin.	4	15	7	39	8	26	3	47	15
21	Vendredi.	s. Sospis.	4	13	7	40	9	33	4	14	16
22	Samedi.	ste Julie.	4	12	7	41	10	34	4	40	17
23	DIMANCHE.	TRINITÉ.	4	11	7	42	11	24	5	35	18
24	Lundi.	s. Donatien.	4	10	7	44	—		6	35	19
25	Mardi.	s. Urbain.	4	9	7	45	0	3 *matin*	7	43	20
26	Mercredi.	s. Philippe.	4	8	7	46	0	32	8	57	21
27	Jeudi.	FÊTE-DIEU.	4	7	7	47	0	54	10	14	22
28	Vendredi.	s. Germain.	4	6	7	48	1	14	11	31	23
29	Samedi.	s. Maximin.	4	6	7	49	1	29	0	50 *soir*	24
30	DIMANCHE.	s. Félix, P.	4	5	7	50	1	43	2	10	25
31	Lundi.	ste Pétronille.	4	4	7	51	2	0	3	34	26

Lever du soleil le 1, à 4 h. 42 m.
                 16, à 4 h. 19 m.
Coucher du soleil le 1, à 7 h. 13 m.
                 16, à 7 h. 31 m.

N. L. le 5, à 3 h. 13 m. du soir
P. Q. le 12, à 7 h. 46 m. du matin.
P. L. le 20, à 8 h. 54 m. du matin.
D. Q. le 28, à 6 h. 39 m. du matin.

Les jours croissent de 39 minutes le matin, et de 39 minutes le soir.

1875 — JUIN — 1875

Jours du mois.	JOURS de la semaine	DÉSIGNATION.	LEVER du Soleil.		COUCHER du Soleil.		LEVER de la Lune.		COUCHER de la Lune.		Jours de la Lune
			h.	m.	h.	m.	h.	m.	h.	m.	
1	Mardi.	s. Thierry.	4	3	7	52	2 matin 18		5 soir 3		27
2	Mercredi.	s. Pothin.	4	3	7	53	2 matin 30		6 33		28
3	Jeudi.	s^te Clotilde.	4	2	7	54	3	8	8	4	29
4	Vendredi.	s. Optat.	4	1	7	55	3	50	9	23	1
5	Samedi.	s. Boniface.	4	1	7	56	4	47	10	28	2
6	DIMANCHE.	s. Claude, év.	4	0	7	57	6	0	11	13	3
7	Lundi.	s. Lié.	4	0	7	57	7	21	11	44	4
8	Mardi.	s. Médard.	3	59	7	58	8	44	—		5
9	Mercredi.	s^te Pélagie.	3	59	7	59	10	6	0 matin 6		6
10	Jeudi.	s. Landri.	3	59	8	0	11	18	0 matin 23		7
11	Vendredi.	s. Barnabé.	3	58	8	0	0 soir 29		0	38	8
12	Samedi.	s. Guy.	3	58	8	1	1 soir 39		0	51	9
13	DIMANCHE.	s. Antoine de P.	3	58	8	2	2	47	1	4	10
14	Lundi.	s. Rufin.	3	58	8	2	3	55	1	18	11
15	Mardi.	s. Modeste.	3	58	8	3	5	6	1	33	12
16	Mercredi.	S. C. de Jésus.	3	58	8	3	6	16	1	52	13
17	Jeudi.	s. Avit.	3	58	8	3	7	25	2	16	14
18	Vendredi.	s^te Marine.	3	58	8	4	8	27	2	49	15
19	Samedi.	s. Gervais, s. Prot.	3	58	8	4	9	20	3	32	16
20	DIMANCHE.	s. Silvert.	3	58	8	4	10	2	4	28	17
21	Lundi.	s. Loufroi.	3	58	8	5	10	35	5	34	18
22	Mardi.	s. Paulin.	3	58	8	5	11	0	6	47	19
23	Mercredi.	s. Jacques. V.J.	3	58	8	5	11	18	8	3	20
24	Jeudi.	s. Jean-Baptiste.	3	59	8	5	11	35	9	20	21
25	Vendredi.	s. Prosper.	3	59	8	5	11	50	10	37	22
26	Samedi.	s. Baboloin.	3	59	8	5	—		11	54	23
27	DIMANCHE.	s. Crescent.	4	0	8	5	0 matin 4		1 soir 14		24
28	Lundi.	s. Loubert. V.J.	4	0	8	5	0 matin 21		2 soir 37		25
29	Mardi.	s. Pierre, s. Paul	4	1	8	5	0	40	4	4	26
30	Mercredi.	Conv. de s. Paul.	4	1	8	5	1	4	5	33	27

Lever du soleil le 1, à 4 h. 3 m.
—   —   16, à 3 h. 58 m.
Coucher du soleil le 1, à 7 h. 52 m.
—   —   16, à 8 h. 3 m.

N. L. le 3, à 10 h. 30 m. du soir.
P. Q. le 10, à 8 h. 4 m. du soir.
P. L. le 19, à 0 h. 5 m. du matin.
D. Q. le 26, à 2 h. 48 m. du soir.

Les jours croissent de 5 minutes le matin jusqu'au 23, et de 13 minutes le soir, et diminuent ensuite de 3 minutes le matin.

1875   —   JUILLET   —   1875

Jours du mois.	JOURS de la semaine	DÉSIGNATION.	LEVER du Soleil.		COUCHER du Soleil.		LEVER de la Lune.		COUCHER de la Lune.		Jours de la Lune.
			h.	m.	h.	m.	h.	m.	h.	m.	
1	Jeudi.	s^{te} Éléonore.	4	2	8	5	1 mat. 40		6 soir 58		28
2	Vendredi.	*Visitat. de N.-D.*	4	3	8	4	2 mat. 27		8 soir 9		29
3	Samedi.	s. Thierry.	4	3	8	4	3	33	9	3	1
4	DIMANCHE.	s^{te} Berthe.	4	4	8	4	4	52	9	42	2
5	Lundi.	s^{te} Zoé.	4	5	8	3	6	17	10	7	3
6	Mardi.	s. Tranquille.	4	5	8	3	7	41	10	27	4
7	Mercredi.	s^{te} Aubierge.	4	6	8	2	8	59	10	43	5
8	Jeudi.	s. Procope.	4	7	8	2	10	13	10	57	6
9	Vendredi.	s. Cyrille.	4	8	8	1	11	24	11	99	7
10	Samedi.	s^{te} Félicité.	4	9	8	1	0 soir 34		11	23	8
11	DIMANCHE.	Tr. s. Benoît.	4	10	8	0	1 soir 43		11	38	9
12	Lundi.	s. Gualbert.	4	11	7	59	2	53	11	53	10
13	Mardi.	s. Eugène.	4	12	7	59	4	4	—		11
14	Mercredi.	s. Bonaventure.	4	13	7	58	5	13	0 mat. 18		12
15	Jeudi.	s. Henri.	4	14	7	57	6	19	0 mat. 47		13
16	Vendredi.	s. Eustate.	4	15	7	56	7	16	1	27	14
17	Samedi.	s. Alexis.	4	16	7	55	8	1	2	19	15
18	DIMANCHE.	s. Clair, év.	4	17	7	54	8	37	3	23	16
19	Lundi.	s. Vincent de P.	4	18	7	53	9	3	4	35	17
20	Mardi.	s^{te} Madeleine.	4	19	7	52	9	23	5	52	18
21	Mercredi.	s. Victor.	4	20	7	51	9	40	7	9	19
22	Jeudi.	s^{te} Marguerite.	4	21	7	50	9	56	8	26	20
23	Vendredi.	s. Apollinaire.	4	23	7	49	10	10	9	44	21
24	Samedi.	s^{te} Christine.	4	24	7	48	10	26	11	2	22
25	DIMANCHE.	s. Jacques leMaj.	4	25	7	47	10	43	0 soir 22		23
26	Lundi	Tr. s. Marcel.	4	26	7	45	11	6	1 soir 46		24
27	Mardi.	s. Pantaléon.	4	27	7	44	11	35	3	14	25
28	Mercredi.	s^{te} Anne.	4	29	7	43	—		4	37	26
29	Jeudi.	s^{te} Marthe.	4	30	7	41	0 mat. 18		5	53	27
30	Vendredi.	s. Abdon.	4	31	7	40	1 mat. 13		6	53	28
31	Samedi.	s. Germain-l'Aux.	4	33	7	39	2	26	7	36	29

Lever du soleil le 1, à 4 h. 2 m.
— — 16, à 4 h. 15 m.
Coucher du soleil le 1, à 9 h. 5 m.
— — 16, à 7 h. 56 m.

N. L. le 3, à 5 h. 34 m. du matin.
P. Q. le 10, à 10 h. 49 m. du matin.
P. L. le 18, à 1 h. 36 m. du soir.
D. Q. le 25, à 8 h. 48 m. du soir.

Les jours diminuent de 32 minutes le matin, et de 27 minutes le soir.

1875 — AOUT — 1875

Jours du mois.	JOURS de la semaine	DÉSIGNATION.	LEVER du Soleil.		COUCHER du Soleil.		LEVER de la Lune.		COUCHER de la Lune.		Jours de la Lune.
			h.	m.	h.	m.	h.	m.	h.	m.	
1	DIMANCHE.	s^{te} Sophie.	4	34	7	37	3 matin	49	8 soir	7	30
2	Lundi.	s. Étienne, p.	4	35	7	36	5	14	8	29	1
3	Mardi.	s^{te} Lydie.	4	37	7	34	6	34	8	46	2
4	Mercredi.	s. Dominique.	4	38	7	33	7	53	9	2	3
5	Jeudi.	s. Yon.	4	39	7	31	9	7	9	15	4
6	Vendredi.	Transf. de J.-C.	4	41	7	30	10	19	9	29	5
7	Samedi.	s. Gaëtan.	4	42	7	28	11	28	9	42	6
8	DIMANCHE.	s. Justin.	4	44	7	26	0 soir	39	9	59	7
9	Lundi.	s. Amour.	4	45	7	25	1	49	10	19	8
10	Mardi.	s. Laurent.	4	46	7	23	3	0	10	48	9
11	Mercredi.	s^{te} Susanne.	4	48	7	22	4	7	11	21	10
12	Jeudi.	s^{te} Claire.	4	49	7	20	5	9	—		11
13	Vendredi.	s. Hippolyte V.J.	4	50	7	18	5	59	0 matin	8	12
14	Samedi.	s. Guer.	4	52	7	16	6	37	1	9	13
15	DIMANCHE.	ASSOMPTION.	4	53	7	14	7	6	2	19	14
16	Lundi.	s. Roch.	4	55	7	13	7	29	3	34	15
17	Mardi.	s. Mamès.	4	56	7	11	7	47	4	55	16
18	Mercredi.	s^{te} Hélène.	4	57	7	9	8	3	6	13	17
19	Jeudi.	s. Louis, év.	4	59	7	7	8	18	7	31	18
20	Vendredi.	s. Bernard.	5	0	7	5	8	33	8	20	19
21	Samedi.	s. Privat.	5	2	7	3	8	50	10	11	20
22	DIMANCHE.	s. Symphorien.	5	3	7	1	9	9	11	34	21
23	Lundi.	s. Sidoine.	5	4	7	0	9	36	0 soir	57	22
24	Mardi.	s. Barthélomy	5	6	6	58	10	12	2	24	23
25	Mercredi.	s. *Louis.*	5	7	6	56	11	4	3	42	24
26	Jeudi.	s. Zéphyrin.	5	9	6	54	—		4	46	25
27	Vendredi.	s. Césaire.	5	10	6	52	0 matin	8	5	35	26
28	Samedi.	s. Augustin.	5	12	6	50	1	28	6	6	27
29	DIMANCHE.	s. Médéric.	5	13	6	48	2	49	6	32	28
30	Lundi.	s. Fiacre.	5	14	6	46	4	12	6	52	29
31	Mardi.	s. Ovide.	5	16	6	44	5	31	7	7	1

Lever du soleil le 1, à 4 h. 34 m.
— — 16, à 4 h. 55 m.
Coucher du soleil le 1, à 7 h. 37 m.
— — 16, à 7 h. 13 m.

N. L. le 1, à 1 h. 37 m. du soir.
P. Q. le 9, à 3 h. 39 m. du matin.
P. L. le 17, à 1 h. 43 m. du matin.
D.Q. le 24, à 1 h. 43 m. — N.L. le 30, à 11 h. 50 s.

Les jours, diminuent de 43 minutes le matin, et de 51 minutes le soir.

1875 — SEPTEMBRE — 1875

Jours du mois.	JOURS de la semaine	DÉSIGNATION.	LEVER du Soleil.		COUCHER du Soleil.		LEVER de la Lune.		COUCHER de la Lune.		Jours de la Lune.
			h.	m.	h.	m.	h.	m.	h.	m.	
1	Mercredi.	s. Leu, s. Gilles.	5	17	6	42	6	46	7	21	2
2	Jeudi.	s. Lazare.	5	19	6	40	7	58	7	33	3
3	Vendredi.	s. Grégoire.	5	20	6	38	9	9	7	47	4
4	Samedi.	s^te Rosalie.	5	21	6	36	10	22	8	3	5
5	DIMANCHE.	s. Bertin, ab.	5	23	6	34	11	33	8	22	6
6	Lundi.	s. Eleuthère.	5	24	6	31	0	44	8	45	7
7	Mardi.	s. Cloud.	5	26	6	29	1	53	9	16	8
8	Mercredi.	*Nativ. de N.-D.*	5	27	6	27	2	57	9	58	9
9	Jeudi.	s. Omer.	5	29	6	25	3	51	10	52	10
10	Vendredi.	s^te Pulchérie.	5	30	6	23	4	35	11	58	11
11	Samedi.	s. Hyacinthe.	5	31	6	21	5	7	—	—	12
12	DIMANCHE.	s. Raphaël.	5	33	6	19	5	32	1	11	13
13	Lundi.	s. Maurille.	5	34	6	17	5	52	2	30	14
14	Mardi.	Exalt. s^te Croix.	5	36	6	15	6	7	3	50	15
15	Mercredi.	s. Nicodème *Q.T.*	5	37	6	12	6	23	5	10	16
16	Jeudi.	s. Corneille.	5	38	6	10	6	39	6	30	17
17	Vendredi.	s. Lambert.	5	40	6	8	6	55	7	52	18
18	Samedi.	s. Jean-Chrysos.	5	41	6	6	7	14	9	17	19
19	DIMANCHE.	s. Janvier.	5	43	6	4	7	39	10	45	20
20	Lundi.	s. Eustache.	5	44	6	2	8	12	0	12	21
21	Mardi.	s. Matthieu.	5	46	6	0	8	58	1	33	22
22	Mercredi.	s. Maurice.	5	47	5	58	9	59	2	42	23
23	Jeudi.	s^te Thècle.	5	48	5	56	11	12	2	34	24
24	Vendredi.	s. Andoche.	5	50	5	53	—	—	4	10	25
25	Samedi.	s. Firmin.	5	51	5	51	0	33	4	37	26
26	DIMANCHE.	s^te Justine.	5	53	5	49	1	54	4	57	27
27	Lundi.	s. Côme, s. Dam.	5	54	5	47	3	14	5	14	28
28	Mardi.	s. Venceslas.	5	56	5	45	4	30	5	28	29
29	Mercredi.	s. Michel.	5	57	5	43	5	42	5	41	30
30	Jeudi.	s. Jérôme.	5	59	5	41	6	53	5	54	1

Lever du soleil le 1, à 5 h. 17 m.
  —   —   16, à 5 h. 38 m.
Coucher du soleil le 1, à 6 h. 42 m.
  —   —   16, à 6 h. 10 m.

P. Q. le 7, à 9 h. 47 m. du soir.
P. L. le 15, à 0 h. 51 m. du soir.
D. Q. le 22, à 7 h. 9 m. du matin.
N. L. le 29, à 1 h. 4 m. du soir.

Les jours diminuent de 43 minutes le matin, et de 59 minutes le soir.

1875 — OCTOBRE — 1875

Jours du mois.	JOURS de la semaine	DÉSIGNATION.	LEVER du Soleil		COUCHER du Soleil		LEVER de la Lune.		COUCHER de la Lune.		Jours de la Lune
			h.	m.	h.	m.	h.	m.	h.	m.	
1	Vendredi.	s. Remy.	6	0	5	38	8	5 matin	6	8 soir	2
2	Samedi.	s^{te} Anges gard.	6	2	5	36	9	17	6	25	3
3	DIMANCHE.	s. Cyprien.	6	3	5	34	10	29	6	46	4
4	Lundi.	s. François d'As.	6	5	5	32	11	38	7	14	5
5	Mardi.	s. Constant.	6	6	5	30	0	45 soir	7	52	6
6	Mercredi.	s. Bruno.	6	8	5	28	1	43	8	40	7
7	Jeudi.	s. Serge.	6	9	5	26	2	29	9	40	8
8	Vendredi.	s^{te} Thaïs.	6	11	5	24	3	6	10	50	9
9	Samedi.	s. *Denis.*	6	12	5	22	3	34			10
10	DIMANCHE.	s. Paulin.	6	14	5	20	3	56	0	5 matin	11
11	Lundi.	s. Gomer.	6	15	5	18	4	13	1	24	12
12	Mardi.	s^{te} Vilfride.	6	17	5	16	4	28	2	42	13
13	Mercredi.	s. Gérant.	6	18	5	14	4	43	4	3	14
14	Jeudi.	s. Calix.	6	20	5	12	5	0	5	25	15
15	Vendredi.	s^{te} Thérèse.	6	21	5	10	5	18	6	51	16
16	Samedi.	s. Gal.	6	23	5	8	5	40	8	20	17
17	DIMANCHE.	s. Cerbonet.	6	24	5	6	6	11	9	50	18
18	Lundi.	s. Luc, évang.	6	26	5	4	6	53	11	18	19
19	Mardi.	s. Savinien.	6	27	5	2	7	50	0	35 matin	20
20	Mercredi.	s. Caprais.	6	29	5	0	9	1	1	32	21
21	Jeudi.	s^{te} Ursule.	6	30	4	58	10	22	2	13	22
22	Vendredi.	s. Mellon.	6	32	4	56	11	44	2	43	23
23	Samedi.	s. Hilarion.	6	34	4	53			3	4	24
24	DIMANCHE.	s. Magloire.	6	35	4	53	1	3 soir	3	21	25
25	Lundi.	s. Crépin, s. Cré.	6	37	4	51	2	18	3	36	26
26	Mardi.	s. Rustique.	6	38	4	49	3	30	3	49	27
27	Mercredi.	s. Frument.	6	40	4	47	4	41	4	2	28
28	Jeudi.	s. Simon, s. Jude	6	41	4	46	5	51	4	15	29
29	Vendredi.	s. Faron.	6	43	4	44	7	4	4	32	1
30	Samedi.	s. Lucain.	6	45	4	42	8	15	4	51	2
31	DIMANCHE.	s. Quentin. *V.J.*	6	46	4	41	9	26	5	17	3

Lever du soleil le 1, à 6 h. 0 m.
— — 16, à 6 h. 23 m.
Coucher du soleil le 1, à 5 h. 38 m.
— — 16, à 5 h. 8 m.

P. Q. le 7, à 4 h. 15 m. du soir.
P. L. le 14, à 11 h. 24 m. du soir.
D. Q. le 21, à 2 h. 22 m. du soir.
N. L. le 29, à 5 h. 22 m. du matin.

Les jours diminuent de 47 minutes le matin, et de 58 minutes le soir.

1875 — NOVEMBRE — 1875

Jours du mois.	JOURS de la semaine	DÉSIGNATION.	LEVER du Soleil.		COUCHER du Soleil.		LEVER de la Lune.		COUCHER de la Lune.		Jours de la Lune.
			h.	m.	h.	m.	h.	m.	h.	m.	
1	Lundi.	TOUSSAINT.	6	48	4	39	10 matin	33	5 soir	49	4
2	Mardi.	*Trépassés.*	6	49	4	37	11 matin	34	6 soir	33	5
3	Mercredi.	s. Marcel.	6	51	4	36	0 soir	23	7	29	6
4	Jeudi.	s. Charles.	6	53	4	34	1 soir	5	8	34	7
5	Vendredi.	s. Zacharie.	6	54	4	32	1	35	9	47	8
6	Samedi.	s. Léonard.	6	56	4	31	1	58	11	3	9
7	DIMANCHE.	s. Florent.	6	58	4	29	2	16			10
8	Lundi.	Saintes reliques.	6	59	4	28	2	33	0 matin	17	11
9	Mardi.	s. Mathurin.	7	1	4	26	2	48	1 matin	35	12
10	Mercredi.	s. Juste.	7	2	4	25	3	2	2	54	13
11	Jeudi.	s. Martin.	7	4	4	24	3	19	4	16	14
12	Vendredi.	s. René.	7	6	4	22	3	39	5	44	15
13	Samedi.	s. Brice.	7	7	4	21	4	6	7	15	16
14	DIMANCHE.	s. Bertrand.	7	9	4	20	4	44	8	47	17
15	Lundi.	s. Malo.	7	10	4	19	5	36	10	13	18
16	Mardi.	s. Edme.	7	12	4	17	6	44	11	21	19
17	Mercredi.	s. Agnan.	7	13	4	16	8	6	0 soir	10	20
18	Jeudi.	s. Odes.	7	15	4	15	9	30	0 soir	45	21
19	Vendredi.	sᵗᵉ Élisabeth.	7	17	4	14	10	51	1	9	22
20	Samedi.	s. Edmond.	7	18	4	13			1	28	23
21	DIMANCHE.	*Présent. N.-D.*	7	19	4	12	0 matin	8	1	43	24
22	Lundi.	sᵗᵉ Cécile.	7	21	4	11	1 matin	21	1	56	25
23	Mardi.	s. Clément.	7	22	4	10	2	31	2	9	26
24	Mercredi.	s. Séverin, sol.	7	24	4	9	3	41	2	23	27
25	Jeudi.	sᵗᵉ Catherine.	7	25	4	8	4	52	2	38	28
26	Vendredi.	sᵗᵉ Genevièv.ard.	7	27	4	7	6	3	2	56	29
27	Samedi.	s. Max. s. Lin.	7	28	4	7	7	14	3	19	30
28	DIMANCHE.	*Avent.*	7	30	4	6	8	23	3	50	1
29	Lundi.	s. Saturnin.	7	31	4	5	9	26	4	30	2
30	Mardi.	s. André.	7	32	4	5	10	21	5	23	3

Lever du soleil le 1, à 6 h. 48 m. — le 16, à 7 h. 12 m.
Coucher du soleil le 1, à 4 h. 39 m. — le 16, à 4 h. 17 m.

P. Q. le 6, à 10 h. 1 m. du matin.
P. L. le 13, à 9 h. 39 m. du matin.
D. Q. le 20, à 0 h. 46 m. du matin.
N. L. le 27, à 11 h. 54 m. du soir.

Les jours diminuent de 45 minutes le matin, et de 35 minutes le soir.

1875 — DÉCEMBRE — 1875

Jours du mois.	JOURS de la semaine	DÉSIGNATION.	LEVER du Soleil		COUCHER du Soleil		LEVER de la Lune		COUCHER de la Lune		Jours de la Lune.
			h.	m.	h.	m.	h.	m.	h.	m.	
1	Mercredi.	S. André.	7	34	4	4	11 matin	3	6 soir	25	4
2	Jeudi.	s. Franç.-Xavier.	7	35	4	4	11 matin	36	7 soir	24	5
3	Vendredi.	s. Éloque.	7	36	4	3	0 soir	2	8	47	6
4	Samedi.	ste Barbe.	7	37	4	3	0	21	10	2	7
5	DIMANCHE.	s. Sabas.	7	39	4	2	0	37	11	16	8
6	Lundi.	s. Nicolas.	7	40	4	2	0	52	—		9
7	Mardi.	ste Fare.	7	41	4	2	1	6	0 matin	30	10
8	Mercredi.	CONCEPT. DE N.-D.	7	42	4	2	1	21	1 matin	49	11
9	Jeudi.	ste Léocadie.	7	43	4	1	1	39	3	10	12
10	Vendredi.	ste Valère.	7	44	4	1	2	2	4	37	13
11	Samedi.	s. Daniel.	7	45	4	1	2	32	6	8	14
12	DIMANCHE.	s. Valéri.	7	46	4	1	3	17	7	38	15
13	Lundi.	ste Luce.	7	47	4	1	4	18	8	58	16
14	Mardi.	s. Nicaise.	7	48	4	1	5	37	9	58	17
15	Mercredi.	S. Mesmin. Q.T.	7	49	4	2	7	4	10	41	18
16	Jeudi.	ste Adélaïde.	7	50	4	2	8	29	11	10	19
17	Vendredi.	ste Olympie.	7	50	4	2	9	52	11	32	20
18	Samedi.	s. Gatien.	7	51	4	2	11	9	11	49	21
19	DIMANCHE.	s. Timothée.	7	52	4	3	—		0 soir	3	22
20	Lundi.	s. Phliogone.	7	52	4	3	0 matin	22	0 soir	16	23
21	Mardi.	s. Thomas.	7	53	4	4	1 matin	32	0	29	24
22	Mercredi.	s. Honorat.	7	53	4	4	2	43	0	44	25
23	Jeudi.	ste Victoire.	7	54	4	4	3	53	1	1	26
24	Vendredi.	ste Delphine. V.J.	7	54	4	5	5	4	1	23	27
25	Samedi.	NOEL.	7	55	4	6	6	13	1	52	28
26	DIMANCHE.	s. Étienne.	7	55	4	6	7	19	2	29	29
27	Lundi.	s. Jean, évangél.	7	55	4	7	8	17	3	18	30
28	Mardi.	Saints Innocents.	7	56	4	8	9	3	4	18	1
29	Mercredi.	s. Trophime.	7	56	4	9	9	30	5	26	2
30	Jeudi.	s. Sabin.	7	56	4	10	10	6	6	38	3
31	Vendredi.	s. Sylvestre, p.	7	56	4	11	10	27	7	52	4

Lever du soleil le 1, à 7 h. 34 m.
— 16, à 7 h. 50 m.
Coucher du soleil le 1, à 4 h. 4 m.
— 16, à 4 h. 2 m.

P. Q. le 6, à 2 h. 5 m. du matin.
P. L. le 12, à 7 h. 55 m. du soir.
D. Q. le 19, à 3 h. 5 m. du soir.
N. L. le 27, à 7 h. 13 m. du soir.

Les jours diminuent de 22 minutes le matin jusqu'au 31, et de 3 minutes le soir, jusqu'au 14; ils croissent ensuite de 9 minutes le soir.

TABLEAU DES PLUS GRANDES MARÉES DE L'ANNÉE 1875

JOURS ET HEURES DE LA SYZYGIE								HAUTEUR de la marée.	
JANVIER	N. L. le	7	à	5 heures	17	min. du	soir.	0	78
	P. L.	21	5	—	59	—	soir.	0	87
FÉVRIER	N. L.	6	8	—	4	—	matin.	0	92
	P. L.	20	8	—	10	—	matin.	0	91
MARS	N. L.	7	8	—	29	—	soir.	1	07
	P. L.	22	0	—	1	—	matin.	0	91
AVRIL	N. L.	6	6	—	45	—	matin.	1	12
	P. L.	20	4	—	39	—	soir.	0	83
MAI	N. L.	5	3	—	13	—	soir.	1	04
	P. L.	20	8	—	59	—	matin.	0	73
JUIN	N. L.	3	10	—	30	—	soir.	0	93
	P. L.	19	0	—	5	—	matin.	0	69
JUILLET	N. L.	3	5	—	34	—	matin.	0	88
	P. L.	18	1	—	36	—	soir.	0	75
AOUT	N. L.	1	1	—	35	—	soir.	0	91
	P. L.	17	1	—	43	—	matin.	0	89
	N. L.	30	11	—	50	—	soir.	0	95
SEPTEMBRE	P. L.	15	0	—	57	—	soir.	1	04
	N. L.	29	1	—	4	—	soir.	0	93
OCTOBRE	P. L.	14	11	—	24	—	soir.	1	08
	N. L.	29	6	—	22	—	matin.	0	83
NOVEMBRE	P. L.	13	9	—	32	—	matin.	1	02
	N. L.	27	11	—	54	—	soir.	0	73
DÉCEMBRE	P. L.	12	7	—	55	—	soir.	0	94
	N. L.	27	7	—	13	—	soir.	0	70

HEURES DES MARÉES DANS LES PRINCIPAUX PORTS

	H. M.		H. M.		H. M.
Bayonne	3 30	Lorient	3 30	Hambourg	5 00
Bordeaux	7 45	Rochefort	4 15	Cuxhaven	0 40
Boulogne	10 40	Rochelle (la)	3 45	Amsterdam	3 00
Brest	3 33	Rouen	1 15	Rotterdam	3 00
Calais	11 45	St-Jean-de-Luz	3 30	Anvers	4 25
Cherbourg	7 45	Saint-Malo	6 00	Ostende	0 20
Dieppe	10 30	Saint-Valery	10 15	Jersey et Guern.	6 00
Dunkerque	11 45	Tréguier	7 30	Londres	2 45
Gravelines	0 00	Vannes	3 45	Douvres	10 50
Havre et Honfleur	9 15	La Loire (emb.)	3 45	Liverpool	11 00

Pour savoir l'heure à laquelle la mer est pleine, il faut ajouter à l'heure autant de fois 48 minutes qu'il s'est écoulé de jours depuis la nouvelle lune ou la pleine lune.

L'UNION

COMPAGNIE D'ASSURANCES SUR LA VIE HUMAINE

Autorisée par Ordonnance royale du 21 juin 1829.

Établie à Paris, en son hôtel, rue de la Banque, n° 15.

CONSEIL D'ADMINISTRATION :

MM. AD. D'EICHTHAL (O. ✳), ancien député, ancien régent de la Banque de France, *Président*;

CH. MALLET (✳), de la maison MALLET frères, banquiers, *Vice-Président*;

T. AUDÉOUD, ancien banquier;

ED. HENTSCH, de la maison HENTSCH, LUTSCHER et Cie, banquiers;

CH. HURISSEL, directeur de *la Mélusine*, Compagnie d'assurances maritimes;

C. JAMESON, de la maison HOTTINGUER et Cie, banquiers;

HENRY MIRABAUD, de la maison MIRABAUD, PACCARD et Cie, banquiers;

GUILLAUME VELAY, propriétaire;

FÉLIX VERNES (✳), de la maison VERNES et Cie, banquiers.

DIRECTION :

MM. CHARLES ROBERT (O. ✳), ancien conseiller d'État, *Directeur*;

E. MAAS, *Conseil de la Compagnie*;

J. DUCAS, *Sous-Directeur*.

COMMISSAIRES VÉRIFICATEURS DES COMPTES :

MM. GERMAIN THIBAUT (O. ✳), ancien président de la Chambre de commerce;

TH. MAIGRET, propriétaire;

G.-B. DE SAINT-SAUVEUR, propriétaire.

Le Directeur et les Administrateurs doivent être propriétaires de DIX ACTIONS au moins, inaliénables pendant la durée de leur gestion.

QUARANTE-SIX ANNÉES D'EXISTENCE

ORDONNANCE ROYALE
du 21 juin 1829.

CHARLES, par la grâce de Dieu, ROI DE FRANCE ET DE NAVARRE,

Sur le rapport de notre Ministre secrétaire d'État du commerce et des manufactures :

Vu les articles 29 à 37, 40 et 75 du Code de commerce ;

Notre Conseil d'État entendu ;

Nous avons ordonné et ordonnons ce qui suit :

ARTICLE PREMIER. — La Société anonyme formée à Paris, sous la dénomination de *l'UNION, Compagnie d'assurances sur la vie humaine*, par acte passé les 13, 14, 15 et 16 juin 1829, par devant Mᵉ VAVIN et son collègue, notaires en ladite ville, est autorisée.

Sont approuvés les statuts contenus audit acte, qui restera annexé à la présente ordonnance.

ART. 2. — Nous nous réservons de révoquer notre autorisation en cas de violation des statuts approuvés, sans préjudice des dommages et intérêts des tiers.

ART. 3. — La Société sera tenue de remettre, tous les six mois, un extrait de son état de situation au préfet du département de la Seine, au greffe du Tribunal de commerce et à la Chambre de commerce de Paris ; pareil extrait sera transmis au Ministre du commerce et des manufactures.

ART. 4. — Notre Ministre secrétaire d'État du commerce et des manufactures est chargé de l'exécution de la présente ordonnance, qui sera publiée au *Bulletin des Lois* et insérée au *Moniteur* et dans un journal d'annonces judiciaires du département de la Seine.

Donné au château des Tuileries, le 21 juin de l'an de grâce 1829, et de notre règne le cinquième.

Signé : CHARLES.

PAR LE ROI :

Le Ministre secrétaire d'État du commerce et des manufactures,

Signé : SAINT-CRICQ.

APPROBATION DES STATUTS ACTUELS DE LA COMPAGNIE.

Les statuts actuels de la Compagnie ont été approuvés, sur l'avis du Conseil d'État, par décret du Président de la République en date du 5 juin 1872.

GARANTIES MATÉRIELLES

OFFERTES PAR

L'UNION

COMPAGNIE D'ASSURANCES SUR LA VIE HUMAINE

I. — Le **Capital social** représenté par les Actions de la Compagnie s'élève à **DIX MILLIONS**. Des titres de rente sur l'État dont le total dépasse **CENT MILLE FRANCS DE RENTE**, sont déposés dans la Caisse de la Compagnie; en garantie des Actions.

II. — Les **Immeubles** de la Compagnie, qui valent plus de **NEUF MILLIONS**, comprennent notamment : l'Hôtel, rue de la Banque, 15, où est établi le siége de la Compagnie, l'Immeuble, boulevard Poissonnière, 23, construit par Soufllot; l'Immeuble, rue Basse-du-Rempart, 52, et deux Immeubles considérables, de construction récente, situés, l'un boulevard Haussmann, 73, l'autre, rue du Quatré-Septembre à l'angle de la place de la Bourse.

III. — Les **Valeurs** renfermées dans la Caisse à deux clefs, à la date du 31 décembre 1874, s'élèvent à plus de **DIX-HUIT MILLIONS** de francs. En voici l'énumération :

730,620 francs de rente 5 0/0	13,560,801 35
84,000 francs de rente 3 0/0	1,702,661 45
3,552 Obligations de chemins de fer et autres obligations garanties par l'État.	1,753,604 19
1,491 Bons de liquidatᵒⁿ de la Ville de Paris.	678,179 70
4,668 Actions de jouissance des Canaux....	434,730 90
50 Actions de la Banque de France.....	142,500 »
Total.........	18,272,477 59

RÉCAPITULATION :

Capital social	10,000,000 »
Immeubles	9,179,276 30
Valeurs en portefeuille	18,272,477 59

Les garanties matérielles offertes par l'UNION à ses assurés atteignent le chiffre de **37,451,753 fr. 89 c.**

IMPORTANCE ET DÉVELOPPEMENT

DES OPÉRATIONS DE LA COMPAGNIE.

Au 31 décembre 1873, l'ensemble des opérations en cours de la Compagnie *l'Union*, se résumait ainsi :

101,448,782 francs de capitaux assurés en cas de décès.

7,172,430 francs de capitaux payables du vivant des assurés.

1,353,909 francs de rentes viagères.

Voici un extrait du rapport présenté le 29 avril 1874, à l'Assemblée générale des actionnaires, au nom de MM. les Commissaires vérificateurs des comptes.

« Les opérations de la Compagnie ont atteint, en
» 1873, un chiffre d'affaires qui a dépassé de 3,781,396
» francs celui de 1872, de sorte que nous nous trou-
» vons avoir à peu près regagné le chiffre que nous
» atteignions avant la période malheureuse de la guerre.

» Le début de 1874 nous fait espérer mieux encore.

» D'après le compte de Profits et Pertes, le résul-
» tat des opérations de l'exercice 1872-1873 nous a
» été particulièrement favorable, puisqu'il en ressort
» un bénéfice en progression sur tous les exercices
» précédents. »

D'après le dernier inventaire, la valeur actuelle des primes à recevoir par la Compagnie pour l'ensemble des capitaux assurés par elle, s'élève à 83,606,340 francs.

RÉSERVES

Les Réserves de la Compagnie *l'Union* s'élèvent :

Pour **108,621,212** francs de capitaux assurés en cas de décès ou de vie à **15,039,556** francs.

Et pour **1,353,909** francs de rentes viagères à **9,809,127**.

C'est une proportion qui, au point de vue des garanties matérielles offertes aux assurés, donne à *l'Union* parmi les Compagnies françaises, le rang élevé qu'elle occupe déjà par ordre d'ancienneté.

PARTICIPATION DE CINQUANTE POUR CENT

DANS LES BÉNÉFICES DE LA COMPAGNIE.

La Compagnie *l'Union* a fait en 1874 sa seizième répartition de bénéfices pour la période d'inventaire qui comprend les deux années 1872 et 1873. Elle a distribué à cette occasion à ses assurés une somme de *cinq cent mille francs*, qui représente, conformément aux statuts, la moitié de ses bénéfices.

Les répartitions sont faites tous les deux ans.

La part qui revient à chaque assuré est calculée d'après trois éléments qui sont : le chiffre du capital assuré, la durée de la police et l'âge de l'assuré au moment de la répartition.

La part ainsi attribuée à chacun se paie de trois manières, à sa convenance : en argent comptant, en augmentation du capital assuré, ou en réduction de la prime annuelle.

Ainsi, Mme de K...., assurée à l'âge de 46 ans et depuis 29 ans pour un capital de 50,000 francs déjà porté à 65,057 francs par la participation, a été informée, le 31 mai 1874, qu'elle pouvait opter entre : 2,435 francs en argent comptant; 2,958 francs en augmentation de capital, ou 449 fr. 25 c. en réduction de prime.

M. A...., âgé aujourd'hui de 51 ans, assuré en 1854 pour 45,000 francs, a été appelé à la même date à opter entre : 976 francs en argent comptant; 1,744 francs en augmentation du capital, ou 85 fr. 25 c. en réduction de prime.

La participation offre ainsi, on le voit, de grands avantages; elle atténue les sacrifices que s'impose l'assuré, ou augmente les bienfaits de l'acte de prévoyance qu'il a eu la sagesse d'accomplir. Elle a éteint des primes. Elle a augmenté considérablement et même doublé certains capitaux. Mais, à cet égard, la Compagnie ne doit et ne peut rien promettre. C'est fausser complétement le caractère de l'Assurance sur la vie, c'est méconnaître la nature des choses et s'exposer à de fâcheuses déceptions que de la rabaisser aux proportions étroites et en même temps chimériques d'un placement de fonds dont la participation constituerait les intérêts. L'objet véritable du contrat c'est le paiement, en cas de sinistre, du capital assuré. La participation n'est qu'un accessoire éventuel. Ne faut-il pas compter avec les épidémies et les crises ? Aucune Compagnie sérieuse ne peut garantir à ses assurés le taux futur d'une participation dans les bénéfices, nécessairement aléatoire et variable comme ces bénéfices eux-mêmes.

LE CAUCHEMAR

D'UN HOMME QUI N'EST PAS ASSURÉ

Fac-simile d'une gravure publiée par un journal américain.

Il est minuit.

Tout dort à New-York et le silence n'est troublé que par le roulement d'une voiture attardée ou le signal de quelque incendie lointain.

Dans une belle maison de la Cinquième avenue, au fond d'une chambre confortablement meublée et à la lueur d'une veilleuse, reposent ensemble M. John Smith, premier commis de la maison Jeremiah Goodmeasure and Co, mistress Arabella Smith, sa charmante épouse, et un joli baby blanc et rose, leur fils, gracieusement couché dans le moelleux duvet d'un élégant berceau.

Mais M. John Smith rêve ! Sa main se crispe, son visage exprime l'effroi, il prononce des paroles entrecoupées ; ses bras s'agitent convulsivement comme pour menacer un ennemi ou saisir une planche de salut. Tout à coup, les cheveux hérissés, le front baigné de sueur, pâle, égaré, il s'éveille en sursaut, se dresse sur son séant et s'écrie à trois reprises d'une voix retentissante :

HORRIBLE! HORRIBLE!! HORRIBLE!!!

Arrachés brusquement à leur paisible sommeil, le chérubin sanglote et mistress Arabella frissonne. Tremblante, elle interroge son mari.

— C'est l'idée de la mort, dit-il, qui me poursuit sans relâche et sous ses formes les plus terribles. Je passais dans la rue : un cheval m'a foulé aux pieds. Je me relève, mais c'est pour tomber à l'eau ! en un clin d'œil, je me suis vu noyé, ensanglanté par les engins meurtriers d'une machine, brisé par une chute épouvantable et assassiné par un brigand ! Ce n'est pas tout ! j'ai assisté à mes propres funérailles. Je t'ai vue, Arabella, éplorée, vêtue de deuil, serrer sur ton cœur un pauvre petit orphelin. Et je vous laissais seuls ! sans protecteur, sans fortune, sans ressources ! Dieu soit loué ! ce n'était là qu'un songe et je sors vivant de ce cauchemar infernal, mais je ne suis pas assuré et à chaque instant la mort peut nous saisir. Dès demain matin, j'en fais le serment, j'irai frapper à la porte d'une Compagnie d'assurances.

— Tu feras bien, cher John, dit Arabella. Aujourd'hui même un marchand m'offrait un presse-papier de cristal sur lequel j'ai lu ces mots : *Le devoir du père de famille est de s'assurer.* J'ai pensé aussitôt à toi et à notre fils. Je ne suis pas superstitieuse et j'espère que Dieu nous accordera de longs jours, mais il commande à tous la sagesse et la prévoyance.

LE CAUCHEMAR D'UN HOMME QUI N'EST PAS ASSURÉ. (*Fac simile d'une gravure publiée par un journal américain.*)

POLICE OU TIMBALE

Au sortir d'une audience où Me Dermont, le célèbre avocat, venait de plaider avec éclat la cause d'une Compagnie d'assurances sur la vie, de jeunes confrères s'empressaient autour de lui.

— A propos d'assurances, leur dit-il, je vais vous conter une anecdote.

Je venais de naître. Vagissant et les yeux fermés, je cherchais le sein de ma nourrice, tandis qu'un vieil ami de la famille, le père Gassicourt, mon parrain, livré à de profondes méditations, se promenait en long et en large dans une allée du jardin.

J'étais depuis longtemps muni à l'avance de deux prénoms. A quoi donc le digne homme pouvait-il penser?

Il sortit tout à coup et rentra bientôt porteur d'un pli cacheté qu'il confia mystérieusement à mon père.

Vingt ans après, j'étais orphelin, étudiant en droit et très-pauvre. Mes inscriptions et mes premiers examens n'avaient été payés qu'à force de privations et de sacrifices. Il ne me restait plus qu'un degré à franchir pour arriver à la licence, mais il fallait trouver cinq cents francs. Je n'avais plus de famille et mon parrain était mort. Après avoir frappé en vain à plusieurs portes, je rentrai désolé dans ma mansarde du quartier latin, pensant à mes études perdues, à ma carrière brisée, à mes rêves d'avenir anéantis. Mon cœur se serra et je pleurai comme un enfant. Cinq cents francs me sauveraient ! disais-je avec rage. Cette somme, c'est pour moi le diplôme de licencié, la robe d'avocat, le barreau, la tribune, la fortune, le succès, la gloire ! Et tout m'échappe ! tout s'écroule ! Cinq cents francs ! où trouver cinq cents francs ?

Et je frappai du poing sur la table. Je heurtai un vieux carton délabré récemment arrivé du pays natal : il s'ouvrit, laissant tomber une liasse d'anciens papiers de famille.

Une enveloppe fermée arrêta soudain mon regard : j'y lus mon nom et une date, celle de ma naissance, 14 juillet 1829 ! J'avais eu 21 ans la veille. Cet anniversaire, jadis tant fêté, je le traversais aujourd'hui livré au plus violent désespoir. N'était-ce pas là une cruelle ironie du sort ?

Je brisai le cachet. Je vis une lettre et un parchemin.

La lettre disait :

« Mon cher filleul, j'allais, comme tous les parrains,
» t'offrir un beau couvert en vermeil, une tasse d'ar-
» gent, un coquetier magnifique, ou une timbale
» éblouissante. Mais cette argenterie s'use, passe de
» mode et s'oublie. Mieux vaut un petit trésor, si
» humble qu'il soit, mis en réserve pour les jours de
» la vingtième année, pour les heures d'étude ou
» d'épreuve. »

Il y avait sur le parchemin :

« La Compagnie *l'Union* s'oblige à payer, le 15
» juillet 1850, la somme de *mille francs à Hector-*
» *Achille Dermont,* s'il existe à ladite date. Cette
» assurance est consentie moyennant la prime unique
» de *deux cent soixante francs* que la Compagnie
» a reçue comptant de M. Achille Gassicourt, parrain
» du bénéficiaire désigné. »

Je tenais mes cinq cents francs ! que dis-je, deux fois cinq cents francs ! ! Je prodiguai à la mémoire de mon parrain les bénédictions les plus tendres. Je portai à mes lèvres et je baisai avec frénésie le parchemin desséché de la vieille police, puis, la serrant contre mon cœur, je descendis l'escalier quatre à quatre, je me jetai dans une voiture et je vins tomber comme une avalanche dans les bureaux de la Compagnie.

Je crus rêver en recevant cinquante louis.

C'est ainsi, mes amis, dit M. Dermont en s'adressant aux stagiaires qui l'entouraient, c'est ainsi que celui que vous voulez bien appeler votre maître est devenu avocat !

Une timbale m'aurait perdu, une police m'a sauvé.

« Le contrat d'assurances sur la vie est un mode d'économiser mis à la portée du père de famille et qui lui permet de réserver et d'accumuler annuellement une fraction quelconque de ses revenus ou des bénéfices de son industrie. Il y a là quelque chose d'autant plus respectable que l'assuré est plus désintéressé; car, dans la plupart des cas, la réalisation du contrat ne s'effectue qu'à sa mort et au profit de ses enfants ou de la personne désignée pour en recueillir le bénéfice. Il y a donc là, tout à la fois, une pensée de prévoyance dont le survivant est l'objet, et un sacrifice permanent de l'assuré, pendant toute la durée de sa vie; ce sacrifice et cette prévoyance nous semblent être le signe irrécusable de la moralité du contrat. » (Conclusions de M. l'avocat général Descoutures devant la Cour de Paris. Audience du 5 avril 1867.)

PETITE STATISTIQUE

DES

ASSURANCES SUR LA VIE

Lorsque la statistique portera son flambeau dans les détails des affaires d'assurances sur la vie, elle pourra mettre en lumière des chiffres curieux, par exemple, ceux qui concernent le classement des personnes assurées d'après la profession qu'elles exercent.

En feuilletant au hasard quelques pages des registres d'échéances d'une compagnie d'assurances, on a trouvé que, sur 1,000 noms d'assurés à côté desquels figure l'indication d'une profession déterminée, plus des trois quarts environ appartiennent au commerce et à l'industrie.

Ces 1,000 assurés, divisés en catégories, se groupent de la manière suivante :

Banquiers et agents de change, négociants, armateurs, commissionnaires, courtiers, marchands en gros : 233 ; marchands en détail, petits commerçants et débitants tenant boutique ouverte, tailleurs, bouchers, boulangers, loueurs en garni, brasseurs, limonadiers, etc. : 137 ; fabricants, chefs d'industrie, directeurs d'usines et de manufactures diverses (teinture, filature, construction, etc.), entrepreneurs de travaux ou de transports : 165; artisans, tels que menuisiers, serruriers, forgerons, mécaniciens, contre-maîtres, etc. : 56; cultivateurs, meuniers, horticulteurs, jardiniers : 24; employés de commerce, d'industrie et de banque, commis, caissiers, comptables, teneurs de livres, représentants de commerce, employés des compagnies financières et des compagnies de chemins de fer (dans cette catégorie se trouvent deux garçons de magasin, un domestique et un cocher) : 82; ingénieurs chargés du service des chemins de fer, ingénieurs civils : 19; directeurs, inspecteurs, agents d'assurances, 53. — C'est un total de 769.

Les 769 assurés répartis dans les catégories qui précèdent représentent donc, sous toutes leurs formes, la finance, l'industrie et le commerce.

Si l'on passe maintenant aux professions dites *libérales*, qui comptent seulement 231 assurés sur 1,000, on trouve les chiffres suivants :

Artistes, hommes de lettres, peintres, sculpteurs, architectes, musiciens, artistes lyriques, etc. : 28 assurés. Le brevet d'immortalité que décerne l'Académie française n'empêche pas ses membres de payer tribut à l'assurance sur la vie, et parmi les demi-dieux qui peuplent les sommets de cet olympe, deux ont daigné écrire sur le registre d'échéances leurs noms célèbres. A la page suivante brille celui d'un de ces mortels privilégiés qui attendent leur tour, debout auprès d'un fauteuil vacant. Viennent ensuite 21 médecins et 9 pharmaciens, dentistes, vétérinaires, etc.; 11 avocats, 14 avoués, 25 notaires, 14 huissiers et 11 commissaires-priseurs, greffiers, commis-greffiers et clercs de notaire. La magistrature est représentée dans cette liste de 1,000 noms par un juge, un substitut, un

juge de paix et un conseiller à la Cour des comptes.
L'armée, par 13 assurés, entre autres un général et un
colonel d'artillerie, un gendarme retraité, un capitaine de vaisseau et un soldat au 41e de ligne. Le
clergé, par 8 ecclésiastiques dont un chanoine,
2 curés, 3 pasteurs protestants et un rabbin. L'Uni-
versité, par 21 assurés appartenant à l'enseignement
primaire, secondaire et supérieur. On trouve parmi
eux des instituteurs, un inspecteur primaire, des
proviseurs, des professeurs de lycée et 4 professeurs
ou doyens de nos facultés de droit. C'est un total de
46 assurés. Restent 42 fonctionnaires ou employés de
l'État, de tout grade et de toute catégorie. Anciens
ministres, conseillers d'État, diplomates et préfets
figurent sur le registre d'échéances à côté de 4 fac-
teurs ruraux et des plus humbles employés de minis-
tère ou de préfecture. Les régies financières, enregistrement, douanes, contributions, le service de
l'octroi, les commissariats de police fournissent aussi
leur contingent d'assurés.

VINGT-QUATRE MILLIARDS

Le développement des assurances sur la vie prend
en Amérique et en Angleterre des proportions de plus
en plus considérables. Dans ces pays, l'assurance est
entrée dans les mœurs. Les pères de famille sacri-

fient une partie de leur revenu annuel pour laisser, en cas de mort, un capital à leur veuve et à leurs enfants. L'Allemagne et la France marchent aussi, mais plus lentement, dans cette voie de progrès.

D'après les renseignements les plus dignes de foi, on peut affirmer que les capitaux assurés, c'est-à-dire les sommes ainsi garanties aux familles, par une sage prévoyance, atteignent aujourd'hui, en Europe et aux États-Unis, le chiffre de 24 milliards de francs ! Cette énorme créance des orphelins, des veuves et des vieillards sur les compagnies d'assurances, se décompose ainsi :

Pour les États-Unis d'Amérique, qui ont déjà dépassé l'Angleterre (bien que leur compagnie la plus ancienne ait à peine vingt années d'existence), 11 milliards 317 millions ; pour l'Angleterre et ses colonies, 10 milliards ; pour l'Allemagne et l'Autriche, 1 milliard 600 millions ; pour la Suisse, 101 millions. En France, les capitaux assurés s'élèvent à 1 milliard 100 millions et dépasseront bientôt ce chiffre si nos concitoyens consentent à étudier et à appliquer plus largement les ingénieuses combinaisons qui, en d'autres pays, procurent à deux millions de familles la sécurité dans le présent et le bien-être dans l'avenir.

Le plus ou moins de pratique de l'assurance sur la vie est le meilleur thermomètre de la civilisation dans un pays.

WIEGAND.

PROPRIÉTÉ DE L'UNION
73, BOULEVARD HAUSSMANN, 73

Depuis son Origine

L'UNION a PAYÉ aux HÉRITIERS

ou AYANTS DROIT DE SES ASSURÉS

DOUZE MILLIONS DE FRANCS,

SAVOIR:

de	1831 à 1847	1 051 269
«	1847 « 1865	2 527 556
«	1866	930 095
«	1867	511 118
«	1868	1 013 138
«	1869	842 660
«	1870	996 776
«	1871	1 459 329
«	1872	1 127 898
«	1873	1 055 358
«	1874 (Premier Semestre)	485 651
	Total	12 000 848

UN NEVEU D'AMÉRIQUE

ACTE III, SCÈNE III.

M. Jules VERNE, le spirituel auteur des *Aventures du capitaine Hatteras*, de *Cinq semaines en ballon*, du *Voyage autour du monde en quatre-vingts jours*, et du *Docteur Ox*, vient de publier une amusante comédie intitulée UN NEVEU D'AMÉRIQUE ou LES DEUX FRONTIGNAC, et représentée pour la première fois sur le théâtre Cluny, le 17 avril 1873.

C'est par une assurance sur la vie qu'est tranché le nœud gordien de la pièce.

Frontignac, célibataire égoïste et joyeux viveur, a placé toute sa fortune à fonds perdus, et, grâce à une rente viagère de 30,000 francs, se livre à tous les plaisirs, lorsqu'un neveu, Savinien, dont il ignorait jusqu'à l'existence, arrive tout à coup d'Amérique et réveille, dans le cœur desséché du vieux garçon, le sentiment de la famille. Ce charmant héritier d'un oncle sans héritage aime éperdument la jolie Madeleine, nièce de Carbonnel, directeur d'une compagnie d'assurances sur la vie, mais le mariage va manquer, Carbonnel, en tuteur prudent, ne voulant pas donner sa pupille à un prétendant dépourvu à la fois de fortune personnelle et *d'espérances*. Frontignac, chez lequel les bons instincts n'étaient qu'endormis, plaide avec chaleur la cause du pauvre Savinien et supplie son excellent ami Carbonnel de consentir à l'union des deux tourtereaux. C'est alors que Carbonnel lui propose un expédient :

CARBONNEL.

Ton neveu a-t-il autre chose que les 1,800 francs de son bureau?

FRONTIGNAC.

Oui.

CARBONNEL.

Quoi?

FRONTIGNAC.

Ma bénédiction.....

CARBONNEL.

Connais-tu les assurances sur la vie?

FRONTIGNAC.

De réputation; ça doit faire mourir jeune.

CARBONNEL.

Au contraire! Ça fait vivre très-vieux. Écoute-moi donc. Je t'ai dit et je te répète que Madeleine ayant peu de fortune, il est de toute nécessité que ton neveu ait, sinon un capital acquis, du moins des espérances.

FRONTIGNAC.

Des espérances ! Tu ne pourrais pas te servir d'un terme plus riant !

CARBONNEL.

Eh bien, l'assurance, en cas de mort, te donne le moyen de remplir la condition. Suis mon raisonnement.

FRONTIGNAC.

Volontiers, mais, je t'en prie, ne parle pas trop de mon décès, cela m'est désagréable.

CARBONNEL.

Que reçois-tu de Marcandier ? Dix pour cent de la somme qu'il a prise en viager, trente mille francs. Eh bien, distrais deux pour cent, six mille francs, de ce revenu, et consacre-les au paiement d'une prime à ma Compagnie, qui, le jour où tu fermeras les yeux, — tu vois que je te ménage, — comptera deux cent mille francs à ton neveu Savinien.

FRONTIGNAC.

Tiens !... tiens ! C'est fort ingénieux ! Mais es-tu bien sûr que ça ne me portera pas malheur ?

CARBONNEL.

Au contraire ! La Compagnie ne payant qu'à la mort de l'assuré, a tout intérêt à prolonger sa vie ; elle veille sur lui, elle le protége comme une tendre mère ; tous les centenaires dont on publie les noms dans les journaux sont nos clients. Je gagerais que de son temps feu Mathusalem....... Sa longévité inusitée ne pourrait guère s'expliquer autrement.

FRONTIGNAC.

Voyons, pas de bêtises; tu es bien sûr de ça, toi?

CARBONNEL.

Ne suis-je pas directeur de la « Lutécienne »?

FRONTIGNAC.

C'est juste!

CARBONNEL.

Eh bien, voyons! la condition te convient-elle?

FRONTIGNAC, *hésitant.*

Es-tu assuré, toi?

CARBONNEL.

Parbleu!

FRONTIGNAC.

Mais alors, pourquoi donc ne suis-je pas assuré, moi aussi?

CARBONNEL.

Parce que tu n'es qu'une oie!

FRONTIGNAC, *susceptible.*

Carbonnel!

CARBONNEL.

Mettons un égoïste.

FRONTIGNAC.

A la bonne heure!

CARBONNEL.

Ça te va-t-il?

FRONTIGNAC.

Parfaitement.

CARBONNEL.

Alors, je vais faire venir le médecin.

FRONTIGNAC.

Un médecin, déjà! Quel médecin?

CARBONNEL.

Le médecin de la Compagnie, le docteur Imbert, un charmant homme, qui vient prendre amicalement de vos nouvelles, vous ausculte...

FRONTIGNAC, *défiant.*

Il vous ausculte?

CARBONNEL.

Vous palpe.

FRONTIGNAC.

Il vous palpe? Il n'y a rien de fait.

CARBONNEL.

Pourquoi?

FRONTIGNAC.

Ça me chatouille.

CARBONNEL.

Raisonnons pourtant. Crois-tu que la Compagnie serait bien aise d'assurer un bonhomme qui n'aurait plus que deux ou trois ans à vivre? Ne faut-il pas qu'elle sache si le coffre est bon, le cœur sain, l'estomac solide?

Et si le coffre, le cœur ou l'estomac laissent à désirer?

Le médecin ne signerait pas ton certificat et la Compagnie n'accepterait pas l'affaire, voilà tout.

LES MARCHANDS DE SÉCURITÉ

Le bon Lafontaine, qui n'avait jamais lu la Bible, y découvrit un jour le livre du prophète Baruch. Il lut et fut rempli d'admiration. Dans son enthousiasme il abordait ses amis et courait de l'un à l'autre en disant : Avez-vous lu Baruch? Lisez donc Baruch!

Tel fut un jour le ravissement, mêlé de stupéfaction, d'un homme, lettré cependant, qui, dépourvu de patrimoine, inquiet, comme beaucoup d'autres, de l'avenir de sa famille et n'ayant jamais entendu parler d'assurances sur la vie, apprit qu'en prélevant chaque année quelques centaines de francs sur son revenu, il pouvait du jour au lendemain se créer un héritage. Il était transporté de joie.

Ballotté longtemps sur les vagues de l'inquiétude, il venait enfin de toucher un port et un monde nouveaux, la Terre de sécurité. Tout père de famille qui doit à son travail une modeste aisance peut, en effet, entrer chez ces *marchands de sécurité* qu'on appelle Compagnies d'assurances sur la vie, et leur acheter une denrée bien précieuse, le repos d'esprit !

VOTRE VIE EST-ELLE ASSURÉE

CONTRE L'INCENDIE ?

Tel honorable propriétaire, assuré contre l'incendie, et qui a pignon sur rue, pousse le soin de ses intérêts jusqu'à réclamer aux Compagnies d'assurances la somme de 6 francs, prix d'une chemise sur laquelle il a laissé choir sa bougie. On assure contre l'incendie son cheval, son chien et son chat, et par une étrange aberration, on oublie qu'on vaut soi-même bien plus qu'un animal, on oublie qu'on peut assurer son propre corps et sa propre vie non-seulement contre l'incendie, mais contre tous les maux et fléaux qui menacent notre existence, contre l'émeute, contre le choléra, et contre toute la séquelle des maladies dont M. Purgon traçait au malade imaginaire l'épouvantable tableau, savoir : la mauvaise constitution, l'intempérie des entrailles, la corruption du sang, l'âcreté de la bile, la féculence des humeurs, la bradypepsie, la dyspepsie, l'apepsie, la lienterie, la dyssenterie, l'hydropisie et la privation de la vie !

Écoutez ce que dit à ce sujet un oracle en matière d'assurances, M. Bergeron, dans son excellente brochure intitulée *Qu'est-ce que l'Assurance sur la vie ?* :

« — Sur mille maisons bien ou mal construites, combien doivent, en moyenne, échapper à l'incendie ?

» — Neuf cent cinquante au minimum.

» — Sur mille hommes des plus robustes et des mieux constitués, combien doivent échapper à la mort ?

» — Aucun.

» — Pourquoi donc assurez-vous votre maison et n'assurez-vous pas votre vie, qui est bien autrement précieuse et bien plus exposée ? »

PRÉAMBULE D'UN ARRÊT DU CONSEIL DE 1787

« Le Roi, s'étant fait rendre compte de la nature
» et des principes des divers établissements fondés en
» Europe sous le nom d'Assurances sur la vie, a
» reconnu qu'ils renfermaient des avantages précieux;
» que, naturalisés en France, ils y seraient d'une
» grande utilité; qu'un nombre considérable d'indi-

» vidus de tout sexe et de tout âge y trouveraient
» facilité de se faire assurer sur leur vie des rentes ou
» des capitaux, soit pour eux-mêmes dans leur vieil-
» lesse, soit après eux en faveur des survivants, aux-
» quels ils voudraient laisser des ressources ou des
» bienfaits ; qu'enfin ces combinaisons variées, liant
» utilement le présent et l'avenir, ramèneraient ces
» sentiments d'affection ou d'intérêt réciproques, qui
» font le bonheur de la société et en augmentent la force.»

UN CONSEIL DU ROMANCIER ANGLAIS

CHARLES DICKENS

« Quels que soient les objets de votre sollicitude, croyez-moi, assurez-vous ! — Que votre prévoyance ait en vue les jours de votre vieillesse, qu'il s'agisse de la veuve et des orphelins qui pourront vous survivre, que vous songiez à votre fils adolescent, ou à la dot de cette petite fée de deux ou trois ans qui sera un jour, vous l'espérez bien, une belle et rougissante fiancée ; peu importent vos motifs, vos devoirs, vos combinaisons, vos projets ou vos rêves d'avenir, — mais, croyez-moi, mon ami, assurez-vous ! »

IMITONS LES AMÉRICAINS

Dans son rapport de 1868, M. William Barnes, surintendant du département des assurances sur la vie de l'État de New-York, constatait qu'aux États-Unis le nombre des polices en vigueur qui était, en 1863, de 99,095 pour 1 milliard 350 millions de francs de capitaux assurés, s'était élevé, en cinq ans, à 400,000, représentant 5 milliards 805 millions de francs. Ce résultat, cependant, lui paraît encore très-insuffisant. En effet, dit-il, à cause du cumul de plusieurs assurances sur la même tête, 400,000 polices ne représentent, probablement, qu'environ 350,000 existences assurées sur une population de 35 millions d'habitants dont, suivant une estimation très-modérée, 5 millions au moins sont des personnes assurables, des travailleurs, des producteurs pour lesquels le contrat d'assurance sur la vie semble fait. Il ajoute :

« Les avantages de l'assurance sur la vie étant
» d'année en année plus populaires et mieux appréciés,
» la *police d'assurance sur la vie* deviendra bientôt
» aussi commune que la *police d'assurance contre*
» *l'incendie* et aucun des hommes qui ont charge de
» famille ne se considérera comme pouvant mourir
» sans reproche, s'il n'a pas constitué sur sa tête un
» capital réversible, égal à au moins cinquante fois
» l'épargne annuelle qu'il peut consacrer au paiement
» d'une prime d'assurance. Il y a quelque chose
» d'aussi grandiose que la marche d'une armée dans

» le ferme et constant progrès des formidables
» colonnes de chiffres que forment la statistique des
» cinq dernières années. »

Les espérances de M. W. Barnes n'étaient pas
exagérées. Trois ans après son rapport, à la date du
1er janvier 1871, il y avait aux États-Unis 834,498
polices d'assurances sur la vie en vigueur, représentant
plus de *onze milliards* (11,817,191,065 francs) de
capitaux assurés !

UN AVIS DU CONSEIL D'ÉTAT

De même que la rente viagère est faite pour les
êtres isolés que les coups du sort ou leur propre volonté
réduisent à n'avoir plus qu'à penser à eux-mêmes,
pour se garantir, aux jours de la vieillesse, le pain ou
le luxe quotidien, l'assurance sur la vie a été inventée
pour ceux qui ont charge d'âmes et d'existences, pour
le père de famille à la mort duquel tout s'écroule s'il
n'a pas su pourvoir au bien-être de sa femme et de
ses enfants.

C'était l'opinion du Conseil d'État qui, à la date
du 23 mars 1818, émettait un avis favorable aux
assurances sur la vie :

« Considérant, disait le Conseil, que ce genre de
contrat peut être assimilé aux contrats aléatoires que
permet le Code civil, qu'il est même plus digne de

protection que le contrat de rente viagère, puisque l'un est trop souvent le résultat de l'égoïsme, de la cupidité, tandis que l'autre ne peut naître que d'un sentiment généreux et bienveillant, qui porte le souscripteur à s'imposer des sacrifices annuels pour assurer aux objets de son affection un bien-être et une aisance dont sa mort pourrait les priver. »

LA PIERRE PHILOSOPHALE

L'assurance sur la vie apporte au foyer domestique confiance et joie. Sa douce influence agit sur la famille tout entière. Non, l'éducation de la jeune fille ne sera pas brusquement interrompue; le jeune homme ne suspendra pas ses études; le groupe gracieux des petits enfants va fleurir à l'ombre d'une égide tutélaire, et tout cela parce que *papa* a eu la bonne idée de recourir à la pierre philosophale qui, en un clin d'œil, peut créer un capital d'or et d'argent! La mère se recueille et se dit que, grâce à Dieu, ses enfants ne manqueront pas de pain, s'ils venaient à perdre leur protecteur naturel. Le père, depuis qu'il a pris cette sainte résolution, se sent délivré de la pesante inquiétude qui accablait son esprit. (*Life Insurance illustrated, New-York.*)

Une jeune fille de dix-sept ans, du comté de Schoharie, dans l'État de New-York, était recherchée par un charmant garçon qui, n'ayant pour toute fortune que ses appointements d'employé, osa néanmoins un jour lui adresser sa demande en mariage.

« — Êtes-vous assuré? lui dit-elle.

» — Hélas! non, répondit le jeune homme.

» — Vous m'aimez, dites-vous, répliqua la belle et raisonnable enfant. Prouvez-le d'abord, monsieur, en vous assurant. Si je vous épousais, si je vous perdais, voudriez-vous obliger votre veuve à vivre d'aumônes?»

Pendant la guerre de sécession, à la veille d'une grande bataille, un soldat américain écrivait à sa femme le billet suivant : « Si je meurs, le papier ci-joint (une police d'assurance) préservera ceux que j'aime. Que Dieu bénisse celui qui a inventé les assurances sur la vie! »

Horace Greeley, le célèbre journaliste américain qui a été candidat à la présidence de la République des États-Unis, était assuré à New-York pour 150,000 dollars (750,000 francs).

W.-H. Seward, ministre et secrétaire d'État de la guerre sous la présidence de Lincoln, était assuré pour 100,000 dollars (500,000 francs).

LES ASSURANCES SUR LA VIE

ET L'INSTRUCTION PUBLIQUE

Les Assurances sur la vie ont conquis en 1866 leur droit de cité dans l'instruction publique. Les programmes de l'enseignement secondaire spécial destinés à l'école normale de Cluny, aux lycées et aux colléges et publiés en 1866, contiennent une section consacrée à l'économie rurale, industrielle et commerciale, et y mentionnent expressément cette catégorie d'assurances en les rattachant au principe général ainsi formulé : « Légitimité et moralité de l'assurance, qui, par la puissance de l'association, garantit, moyennant un léger sacrifice, le capital existant. »

L'assurance sur la vie est ainsi enseignée officiellement dans les cours de l'école normale spéciale de Cluny, dont les élèves-maîtres seront un jour les apôtres et les propagateurs de cette institution.

En Belgique, le *Manuel des sciences commerciales*, de Merten, adopté par le gouvernement pour l'usage des athénées et colléges belges, comprend également une section réservée aux assurances.

En Angleterre, une société savante, vouée à l'étude des hautes mathématiques appliquées aux opérations viagères, s'est fondée à Londres, en 1849, sous le nom d'*Institut des Actuaires*. Les Actuaires sont les ingénieurs de l'assurance sur la vie. Ils mettent au service de cette institution de prévoyance les formules

les plus sûres, les calculs les mieux établis; ils contrôlent les tables de mortalité, déterminent l'importance des réserves destinées à couvrir les risques, et leur collaboration, précieuse pour les compagnies, offre au public des garanties qu'on ne saurait trop apprécier. La France a aussi ses *Actuaires*. Ils font partie du personnel de plusieurs grandes compagnies. Une association qui publie un journal et organise des cours, a été fondée à Paris, sous la présidence de M. E. MAAS, Directeur de *l'Union* (incendie), pour y faire une œuvre analogue à celle que poursuit à Londres l'*Institut des Actuaires*. Dès 1868, une Académie des assurances sur la vie s'était créée à Berlin.

« Le développement pratique des assurances sur la vie exige, dit un publiciste belge, ce développement intellectuel et moral qui élève l'homme au-dessus des sentiments égoïstes; il exige cet esprit d'abnégation personnelle, assez fort pour contraindre le chef de famille à ranger la prime d'assurance au nombre de ses dépenses fixes, comme un impôt dont sa conscience le frappe au profit des siens, en lui laissant la satisfaction du devoir accompli.

« Lorsque l'enseignement aura achevé de répandre dans les masses la notion du contrat d'assurance sur la vie, lorsque la loi aura assigné à ce contrat une place qui réponde à son mérite, à sa valeur économique, — une place qu'il peut réclamer au moins au même titre que l'usufruit ou la rente viagère, — il est à croire que l'assurance sur la vie prendra dans la pratique le rang de ses sœurs, l'assurance contre l'incendie, l'assurance maritime; il est à présumer qu'il ne se trouvera plus un père de famille qui n'ait recours à ce contrat..... » (Adan, notice sur l'*Histoire des assurances sur la vie*, p. 51.)

— « Ce n'est pas de l'indifférence, nous écrivait un méridional, mais bien une profonde aversion qu'on a ici contre les assurances sur la vie. Je ne vous répéterai pas toutes les atrocités que j'entends journellement formuler contre ces sortes d'opérations. »

On a remarqué que l'opposition faite dans certaines localités aux assurances sur la vie vient surtout du défaut de lumières. Trop souvent une prévention mal fondée se pare des attributs de la prudence et refuse d'écouter la voix de la raison et du bon sens. Plus d'un Français, rebelle aux idées de prévoyance, et à la fois ignorant et défiant, se dit tout bas qu'il est bien fin et bien avisé, et, tout fier de son abstention, se considère comme un sage. Il serait facile de lui montrer que beaucoup de gens d'esprit agissent autrement, s'assurent et s'en trouvent bien.

SI JEUNESSE SAVAIT !

Récemment converti à l'assurance, un honorable commerçant d'une de nos villes du Midi, âgé de 45 ans, venait de souscrire, au profit de sa femme, en présence de l'agent de la Compagnie, une police vie entière au capital de 20,000 francs, moyennant la prime annuelle de 774 francs. Enchanté de la sage résolution qu'il avait prise, il feuilletait machinalement les tarifs laissés par l'agent sur le coin d'une table, lorsque, tout à coup, il se lève et, se frappant le front avec colère : « Triple imbécile! brute, animal, crétin, âne bâté que je suis, s'écrie-t-il, j'aurais pu m'assurer à l'âge de vingt-cinq ans pour le même capital et ne payer par an qu'une prime de 442 francs, qui serait peut-être aujourd'hui presque éteinte par la participation! Ah! *si jeunesse savait!* »

ASSUREZ-VOUS DONC LE PLUS TOT POSSIBLE

Dans une conférence faite à Rouen sous le patronage du Cercle rouennais de la ligue de l'enseignement, M. Henri Viénot a parlé des assurances sur la vie. Voici l'éloquente péroraison de cette conférence :

« Trente centimes par jour (qui ne les gaspille pas en tabac, eau-de-vie, etc.?) suffisent pour faire cent francs par an, et une assurance faite à vingt-cinq ans, moyennant cette prime de cent francs, représente au décès une somme de 5,027 francs.

» Que diriez-vous de celui qui jouerait sur une carte tout l'avenir de sa famille? Vous le considéreriez comme bien imprudent et bien coupable; c'est pourtant ce que vous faites tous les jours en ne vous assurant pas, et vous êtes plus coupables que lui, car le hasard peut le faire gagner, mais la mort, votre adversaire, gagnera tôt ou tard contre vous et réduira votre famille à blâmer votre imprudence. Assurez-vous donc le plus tôt possible et bien vous ferez. »

SI, AU LIEU DE M'ASSURER, J'ÉCONOMISAIS?

— Sous les apparences de l'épargne, vous livreriez au hasard l'avenir de votre famille. En effet, supposons que vous puissiez placer chaque année en rentes sur l'État ou en obligations de chemins de fer un billet de mille francs. Il vous faudrait une assez longue vie pour laisser ainsi un capital de quelque importance, et si une mort prématurée vous emporte, vos enfants ne recueilleront que le témoignage stérile ou insuffisant, hélas! de vos bonnes intentions. Supposons, au contraire, qu'âgé de 28 ans et pouvant disposer à la fin de l'année d'environ mille francs, vous ayez la bonne pensée de souscrire un contrat d'assurance : moyennant une prime annuelle de 948 francs, vous garantirez alors à votre famille, au jour de votre décès, un capital de QUARANTE MILLE francs, si bien que, n'eussiez-vous payé qu'une seule prime et votre vie dût-elle être ainsi moissonnée dans sa fleur, ce capital considérable serait payé *immédiatement* à votre veuve! N'est-ce pas jouer avec le destin qu'*économiser* au lieu de *s'assurer?*

TROP RICHE POUR S'ASSURER

Un homme opulent disait à l'un des inspecteurs de *l'Union* : « Je laisserai après moi ma femme et mes enfants dans une belle position de fortune ; pourquoi voulez-vous que je me prive chaque année d'une partie de mes revenus pour payer une prime d'assurance ? »

L'inspecteur lui répondit : « Mais, raison de plus, Monsieur, si vous êtes riche, pour contracter une assurance sur la vie ! Je connais des millionnaires qui se sont assurés ! Vous ne vous priverez de rien, d'ailleurs, puisque c'est sur vos économies que vous prélèverez chaque année le montant de votre prime ! Plus vous serez riche, plus vous laisserez de droits de succession à payer ; les frais de funérailles et de dernière maladie seront plus élevés ; le temps du partage durera plus longtemps ; supposez que vous veniez à mourir à une époque troublée, tourmentée, comme celles que la France a déjà si tristement subies, croyez-vous que vos enfants ne béniront pas votre prévoyance, qui leur aura permis de toucher comptant, dans les quinze jours de votre décès, un capital de 20,000, 50,000 ou 100,000 francs, au lieu de se trouver obligés de vendre, avec difficulté, des valeurs mobilières, sur lesquelles ils subiront une perte de 20, 30 et même 50 pour 100 ?

DÉCLARATION ÉGOISTE D'UN MONSIEUR

« Me dépouiller pour mes enfants? m'imposer des privations? jamais! Si je veux aller passer deux mois à Paris, l'hiver, et un mois en été aux bains de mer, voulez-vous qu'à chaque dépense imprévue je me dise : Et ma prime à payer! Ma foi, non. Après moi mes enfants prendront ce que je leur laisserai, et s'ils trouvent mon avoir insuffisant, ils feront comme moi, ils travailleront! »

RAISONNEMENT FRIVOLE D'UNE JEUNE DAME

Une jeune et jolie femme, mère de deux enfants, déclarait à son mari qu'elle s'opposait formellement à ce qu'il contractât une assurance.

— Le paiement de la prime augmentera encore vos charges annuelles, lui disait-elle. Il est déjà bien difficile d'obtenir de l'argent de vous pour payer ma toilette et celle de mes enfants, et ce sera impossible à l'avenir, car vous me répondrez tous les jours : « Il faut que je paie ma prime d'assurance! »

Le mari eut la faiblesse de céder et déchira la proposition d'une assurance de 30,000 francs, qui allait être signée.

Dix-huit mois après il était mort !

LE CAPITAL ASSURÉ

PROPRIÉTÉ EXCLUSIVE DU BÉNÉFICIAIRE

NE FAIT PAS PARTIE DE LA SUCCESSION DE L'ASSURÉ.

————••✕••————

Par quatre arrêts, en date des 2 juin 1863, 27 février 1865, 5 avril 1867 et 15 décembre 1873, les Cours d'appel de Lyon, de Colmar et de Paris et la Cour de cassation ont jugé que les contrats d'assurances sur la vie créent, au profit du bénéficiaire désigné, un droit qui naît dès le moment du contrat et que ce n'est point là une valeur dépendant de la succession et affectée à l'exécution des engagements de l'assuré.

Le père de famille qui rédige une proposition d'assurance au profit d'une personne déterminée est beaucoup plus libre que l'homme qui fait son testament; car, au lieu d'être soumis aux dispositions restrictives du Code civil sur la quotité disponible et la réserve, il peut régler, comme bon lui semble, l'emploi du capital assuré. Il en serait autrement, bien entendu, si, en payant des primes annuelles hors de proportion avec le chiffre de son revenu, il cherchait, dans le contrat d'assurance, un moyen d'éluder la loi.

Mais, pour éviter toute difficulté, il faut, au lieu d'employer les termes généraux *d'héritiers* ou *ayants droit*, indiquer, par une mention expresse, que le bénéfice de l'assurance est attribué à la femme, aux enfants nés ou à naître, ou à toute autre personne déterminée. C'est seulement après avoir fait ces attributions individuelles, qui n'enchaînent pas sa liberté et qu'il conserve le droit de modifier comme les clauses d'un testament, que le proposant pourra dire : « *en cas de prédécès ou en l'absence de toute autre désignation, à mes héritiers.* »

LA VISITE DU MÉDECIN

On voudrait bien s'assurer, mais comment se résoudre à subir **un** *examen médical !* Ces deux mots, qui évoquaient un jour, bien mal à propos, dans l'esprit d'un futur assuré le souvenir du conseil de révision, inspirent parfois aux dames une folle terreur. Rien de plus chimérique que ces alarmes. Rien de moins redoutable qu'un entretien de quelques minutes avec l'honorable et courtois docteur choisi par la Compagnie. Au brevet de bonne santé et de longue vie qu'il délivre s'ajoutent souvent d'ailleurs d'utiles conseils. L'examen consciencieux, mais discret, sans lequel l'assurance serait impossible, n'implique pour l'assuré, quel qu'il soit, ni trouble ni gêne : les médecins chargés de cette mission délicate joignent, en effet, à une science éprouvée et à un coup d'œil sûr, le tact et la prudence que comporte l'accomplissement d'un pareil mandat.

FRAGMENT DU POËME

INTITULÉ

UN·DINER CHEZ BREBANT

Excusez la leçon qu'un professeur vous donne ;
A chacun son métier ; aussi qu'on lui pardonne
S'il vient vous sermonner au moment du dessert...
Je me suis assuré, voilà tout le mystère !
La somme que je mets tous les ans de côté
Me donne le repos et la tranquillité.
Cette précaution utile et salutaire,
Prenez-la....... Vous aurez la consolation
Que ceux qui resteront dans la triste demeure
Y trouveront encor votre protection.
Hélas ! on ne bénit pas tous ceux que l'on pleure !
Dans dix ans, dans six mois, ou demain, que je meure,
Eh bien, je partirai tranquille sur le sort
De celles qui pourront bien vivre après ma mort.
Avec dix-huit cents francs que par an je prélève
Sur mes gains annuels et sur mon revenu,
J'ai vaincu le hasard, j'ai dompté l'inconnu !
Savez-vous quelle somme à mes plaisirs j'enlève ?
Cinq francs par jour... cinq francs! Des voitures de moins,
Des cigares... voilà l'éternelle dépense
Qui forme un gros total, amis, sans qu'on y pense.
En suis-je plus à plaindre ? On vous prend à témoin.
Je ne veux pas prêcher, mais je dis : L'assurance
Est un acte loyal, de noble prévoyance.
Il rassérène l'âme, il élève le cœur,
Car des plus bas instincts il fait l'homme vainqueur.
On ne verra jamais les lâches égoïstes
S'assurer. C'est pourquoi, vieux enfants, chers artistes,
Songez à l'avenir ; ceux qui vous survivront
Feront mieux que pleurer, car ils vous béniront.

ALBÉRIC SECOND.

CONCOURS OUVERT

PAR L'ACADÉMIE DE LÉGISLATION DE TOULOUSE

« Trop souvent l'âge apporte la misère dès qu'il
» paralyse les forces; trop souvent la mort d'une
» personne est le signal de la gêne pour les enfants,
» de la ruine pour les créanciers : un sentiment de
» légitime prévoyance et de juste sollicitude ne com-
» mande-t-il pas au chef de famille de s'imposer
» quelques sacrifices annuels pour assurer aux objets
» de son affection ou à ses créanciers des ressources
» ou des garanties que son activité leur donne momen-
» tanément, mais dont sa mort pourrait les priver?..
» La société tout entière n'est pas moins intéressée
» que l'individu à ce résultat. » (Rapport sur le concours
ouvert en 1860, par l'Académie de législation de
Toulouse, au sujet des assurances sur la vie).

N'AYEZ DONC PAS PEUR!

On ne saurait croire jusqu'à quel point les institutions de prévoyance, et particulièrement l'assurance
sur la vie, sont encore mal comprises dans certaines
contrées. D'excellentes mères de famille se demandent
si leur mari n'agira pas contrairement à la volonté du
ciel et s'il ne hâtera pas le jour de sa mort en sou-
scrivant une assurance en cas de décès. Un fabricant
d'émaux du département du Doubs, ayant résolu de

signer un contrat de cette nature (la prime annuelle était de 400 francs), en perdit l'appétit et le sommeil, et vint au bout de trois jours déclarer « qu'il se croyait condamné à mort » et qu'il ne pouvait conclure.

Les personnes pieuses qui obéissent ainsi aux préjugés superstitieux dont l'assurance sur la vie est trop souvent l'objet, oublient que la prévoyance est une vertu chrétienne, et qu'à cet égard l'exemple a été donné plus d'une fois par le clergé lui-même. De dignes curés, pour assurer l'avenir d'une sœur, pour garantir à une domestique dévouée le pain de ses vieux jours, ne craignent pas de signer une police d'assurance. On nous citait récemment plusieurs faits qui, loin d'être exceptionnels, se produisent fréquemment. Un curé d'Alsace, l'abbé S..., s'impose l'obligation de payer chaque année une prime assez forte, pour constituer, à son décès, au profit de sa sœur, une rente viagère de 500 francs. Un curé de la Lorraine a stipulé le paiement d'une somme de 10,000 francs, à lui-même, après 26 ans, ou, en cas de décès immédiat, à ses héritiers. Voici un autre exemple qui a quelque chose de touchant : L'abbé N..., curé de Francheval, près Sedan, récemment décédé, avait contracté, en 1867, une assurance en cas de mort, dont le capital était représenté par 200 francs de rente viagère au profit de sa gouvernante. L'abbé A..., son légataire universel, écrivait, il y a quelques mois, en parlant de lui : « Ses derniers moments, comme toute sa vie, ont été bien édifiants : il a rendu sa belle âme à Dieu en priant. Toutes ses affaires étaient bien en règle. En faisant l'inventaire de son mobilier, nous avons trouvé les deux pièces concernant son assurance sur la vie. » — Grâce à l'ingénieux mécanisme des assurances sur la vie, ce respectable prêtre avait pu récompenser de fidèles serviteurs, et ce souvenir, loin de troubler sa conscience, devait être, au contraire, pour lui une véritable consolation.

Mgr l'évêque de Saint-Brieuc et Tréguier a publié dans *la Semaine religieuse* de son diocèse une note relative à la création, au moyen de dons volontaires, d'un fonds de secours destiné à constituer des *assurances sur la vie au profit des marins*. D'après le récit de l'évêque, la première idée de cette œuvre excellente appartient à plusieurs dames de Saint-Brieuc. Leur généreuse sollicitude n'est que trop justifiée ! En 1873, les familles du littoral n'ont pas perdu moins de 150 pêcheurs en Islande, à Terre-Neuve ou dans les parages bretons.

APHORISMES

Va, paresseux, vers la fourmi : regarde ses voies et sois sage. Elle prépare en été son pain, et amasse durant la moisson de quoi manger. (Proverbes de Salomon, chap. VI.)

L'objet propre à l'assurance sur la vie est d'indemniser ceux qui survivent du préjudice d'argent qu'une mort prématurée. leur fait éprouver.

ALFRED DE COUROY.

La chance que vous avez de mourir de ce jour à un an est cinq fois plus grande que les risques de destruction par l'incendie ou autrement de votre maison pendant la même période.

Aide-toi, le Ciel t'aidera.

L'assurance sur la vie convertit le savoir et l'activité en un capital sonnant, en un patrimoine effectif, qui se transmet infailliblement et qui devient réalisable à point nommé. Il ne serait pas facile de citer des institutions qui donnent mieux satisfaction à l'esprit d'ordre et de progrès tout à la fois.

MICHEL CHEVALIER.

Tout homme laborieux est un capital.

L'assurance sur la vie n'a qu'un défaut; elle le partage avec les aliments nutritifs, les étoffes solides, les fondations profondes et les murs épais : elle coûte cher ! mais l'argent qu'on y consacre est bien employé !

L'assurance sur la vie, cette institution consolante et réparatrice, fonde la sécurité d'un avenir qui ne dépend pas de vous. (M. Blanche, avocat général à la Cour de cassation. Discours de rentrée de 1861.)

Un chrétien, disait-on autrefois, a-t-il le droit de contracter une assurance sur la vie? — Le temps a marché, et les termes de la question ont changé : Un homme qui se déclare chrétien, dit-on maintenant, a-t-il le droit de ne pas s'assurer? lui serait-il permis de négliger l'accomplissement d'un tel devoir?

L'assurance sur la vie est l'auxiliaire le plus utile et le plus actif du travail et de l'épargne.

EDMOND ABOUT.

Le chemin dit Nous VERRONS conduit à la fondrière appelée JAMAIS. (*Proverbe espagnol.*)

Il a fallu plus de quarante ans pour faire comprendre aux pères de famille en France qu'il est bon et prudent de s'assurer au profit de leurs enfants.

ALFRED DE COURCY.

Beaucoup de mères de famille apprécient aujourd'hui les bienfaits de l'assurance. Sur mille polices portées, dans les premiers mois de 1874, au registre d'inscription d'une Compagnie, 230 ont été signées par des femmes.

Battez le fer quand il est chaud;
Rentrez vos foins avant la pluie.

PAGES INTIMES

EXTRAITES DU JOURNAL QUOTIDIEN DE M. LESTIMÉ

Ancien agent principal de la Compagnie d'assurances sur la vie humaine

L'UNION DES FOURMIS.

L'un des plus anciens agents de la Compagnie d'assurances sur la vie *l'Union des Fourmis*, l'honorable M. Lestimé, avait coutume d'écrire chaque soir le récit des incidents de la journée. Préparant son fils à suivre la même carrière, il voulait lui conserver ainsi les fruits de sa longue expérience. C'était un agent modèle. A la droiture la plus scrupuleuse il joignait l'habileté d'un homme d'affaires consommé, la patience d'un saint, la prudence d'un notaire, l'ardeur d'un apôtre et la discrétion d'un confesseur. Père de famille, il ne pouvait être insensible aux bénéfices légitimes de son travail, mais il jouissait, par surcroît, du plaisir de vulgariser des opérations à l'utilité desquelles il croyait sincèrement. Après de longs et persévérants efforts il était parvenu à propager les assurances sur la vie dans un pays arriéré, où cette forme si bienfaisante de la prévoyance était encore ignorée ou méconnue. Sa réussite, considérée comme un prodige, s'expliquait cependant d'une manière très-natu-

relle par la confiance qu'il inspirait à tous et par son
zèle infatigable. Il nous a été donné de feuilleter son
curieux journal. En voici quelques extraits, où appa-
raît, avec le caractère de l'homme, celui de son honorable profession, et où sont tracés rapidement et
comme au hasard les principaux types des opérations
de la Compagnie qu'il représentait.

Sainte-Prévoyance, Dimanche soir, 11 octobre 1874.

Il y a aujourd'hui vingt ans que je dirige cette agence,
où je compte plus de 200 assurés. Qu'il m'a fallu de
peines pour arriver à ce résultat! J'ai lu dans les ro-
mans de Cooper l'histoire des pionniers américains.
Ils s'avancent pas à pas, au milieu des ronces, dans
les forêts vierges où mille obstacles arrêtent leur
marche. Parfois ils croient avoir découvert un sentier
praticable, mais, par maints détours, ce chemin per-
fide les ramène au point de départ. Après les longues
et pénibles tournées où j'avais fatigué en vain mes
jambes à courir de maison en maison, et usé mes
poumons à parler à des sourds, que de fois me suis-je
comparé à ces pionniers du nouveau monde! Parmi
mes concitoyens, les uns m'ont d'abord pris pour un
fou, d'autres ont cru que je voulais les tromper, mais
quand ils ont appris que trois notaires, un avoué, le

pharmacien, deux manufacturiers et le vice-président du Conseil général s'étaient assurés par mon intermédiaire, les préventions sont tombées. En matière d'assurances, la force de l'exemple est réellement extraordinaire. Mes adversaires de la veille sont à présent mes assurés et mes amis; les héritiers de ceux qui sont morts ont reçu et palpé les belles espèces sonnantes de la Compagnie, et personne, à Sainte-Prévoyance, ne doute plus de ma loyauté ni de ma raison.

Mercredi, 14 octobre.

J'ai reçu ce matin la visite du gros marchand de grains de la Routine-Lornière, M. Fortuné Patriarche, auquel j'avais envoyé une des brochures que la Compagnie me charge de distribuer. Il a quarante ans, onze enfants et sa femme est grosse. Il a compris que l'entassement des écus dans un bas de laine ou même leur placement ailleurs, à gros intérêts, n'est pas le dernier mot de la sollicitude paternelle, et il est venu me consulter. Voici ses questions et mes réponses :

— Expliquez-moi bien clairement, m'a-t-il dit, ce qu'on entend par une assurance sur la vie.

Souscrire une Police d'assurance sur la vie est le moyen le plus sûr et le moins coûteux de se créer un patrimoine. Étrange anomalie ! On assure maisons, meubles, navires et marchandises, et le chef de famille néglige d'assurer sa vie, c'est-à-dire, de toutes ses propriétés, la plus précieuse et en même temps la plus menacée.

PROPRIÉTÉ DE L'UNION
PLACE DE LA BOURSE & RUE DU QUATRE SEPTEMBRE

— Les assurances sur la vie, ai-je répondu, comprennent un grand nombre de combinaisons. La principale est un contrat par lequel vous laissez à l'époque, prochaine ou éloignée, de votre mort, une somme, fixée d'avance, à votre veuve, à vos enfants, ou à toute autre personne que vous aurez désignée. Vous payez des primes annuelles, mais n'en eussiez-vous versé qu'une seule, vos héritiers recevront, aussitôt après votre décès, la somme assurée tout entière. Vos fonds sont engagés dans vos affaires; si vous veniez à mourir prématurément, dans quel embarras ne laisseriez-vous pas votre veuve, vos nombreux enfants? si vous voulez vivre et mourir tranquille sur le sort de cette belle famille qui vous entoure, souscrivez une assurance. Au besoin, vous pourriez donner votre police en garantie à un créancier, en prévision du cas où vous viendriez à mourir avant d'avoir payé votre dette.

— Mais, m'a dit alors M. Fortuné Patriarche en montrant un peu d'hésitation, sur quelle base établir le chiffre de la somme assurée?

— Fixez vous-même cette somme, mon cher Patriarche, suivant votre position et vos ressources; s'il suffit à un artisan, à un simple employé de faire assurer quelques milliers de francs, un homme exerçant comme vous une profession lucrative et dont la famille est habituée à plus d'aisance, doit faire un contrat de 20, 30, 50,000 francs.

— Dites-moi, je vous prie, reprit-il, comment sont calculées les primes d'assurances?

— Elles ne varient pas comme le prix des grains, bien que la sécurité qu'elles achètent soit aussi une marchandise. Elles sont déterminées en proportion de la somme assurée et de l'âge de chacun à l'époque où il contracte. Ainsi un homme âgé de 30 ans, qui souscrit une assurance de 10,000 francs, paiera 249 francs par an; vous êtes âgé de 40 ans? vous paierez pour la même somme 328 francs; vous en paieriez la moitié pour 5,000 francs, et le double pour 20,000 francs.

M. Patriarche s'agita sur sa chaise et s'écria : Ces primes me paraissent trop élevées !

—Réfléchissez, répondis-je, que la prime est calculée à 40 ans, sur la durée moyenne de la vie à cet âge; elle est fixée dans la supposition que chaque prime sera perçue et placée par la Compagnie pendant tout ce temps, à intérêt composé, sur le pied de 4 pour 100; or, cette supposition peut être cruellement démentie par l'événement, et la Compagnie peut ne recevoir qu'un très-petit nombre de primes. Quel est l'homme, même le mieux portant, qui peut compter raisonnablement sur une durée d'existence supérieure à la moyenne! Et les accidents? Ne peut-on pas périr en voyage? Est-on à l'abri d'une maladie aiguë telle que fluxion de poitrine ou attaque d'apoplexie?

— Il résulte de tout ceci, objecta encore mon interlocuteur, que si je vis longtemps, j'aurai fait une mauvaise affaire.

— La Compagnie perd avec ceux qui meurent prématurément; il faut donc qu'elle gagne avec ceux qui jouissent d'une longue vie. Cependant la Compagnie a atténué autant qu'il était possible ce préjudice; elle accorde aux assurés une participation de 50 pour 100 dans les bénéfices. Plus la vie de l'assuré se prolonge, plus sont avantageuses pour lui ces répartitions, auxquelles il prend part en raison du capital assuré, du temps couru et de son âge. Elles ont lieu tous les deux ans, et procurent à l'assuré, à son choix, l'un de ces trois avantages : paiement en espèces, augmentation croissante du capital assuré, diminution successive et peut-être extinction de la prime annuelle. Vous n'avez donc pas à craindre d'avoir fait une mauvaise affaire, même en vivant longtemps. S'il vous convenait de renoncer aux avantages de la participation, votre prime se réduirait de 10 pour 100 : ainsi, pour une assurance de 50,000 francs, au lieu de 1,640 francs par an, prime du tarif ordinaire, vous ne paieriez que 1,476 francs.

J'ajoutai d'autres arguments à ces réponses sèches et précises. Je sus parler au cœur de ce bon père. Indifférent d'abord, curieux, puis persuadé, il passa bientôt de la conviction à l'enthousiasme. « J'ai sur ma porte, s'écria-t-il, ma plaque d'assurance contre l'incendie, mais, pour prêcher d'exemple, j'en veux une autre, où on lira en lettres d'or ces mots :

FAMILLE ASSURÉE CONTRE LA MORT PRÉMATURÉE DE SON CHEF.

J'eus de la peine à le calmer. Il reviendra demain pour signer une proposition de 50,000 francs et se rendra chez le docteur Bromural, médecin de la Compagnie. Je lui ai remis, en le quittant, un de mes tarifs d'assurance sur la vie entière conforme au modèle ci-contre.

ASSURANCES SUR LA VIE ENTIÈRE

OU

L'HÉRITAGE MIRACULEUX (1)

Primes à payer chaque année pour une somme de 10,000 francs, exigible au décès, à quelque époque qu'il ait lieu.

Avec participation de 50 °/o dans les bénéfices.

AGE de L'ASSURÉ	PRIME annuelle PENDANT LA VIE	AGE de L'ASSURÉ	PRIME annuelle PENDANT LA VIE
21 ans.	201 francs.	45 ans.	387 francs.
25 —	221 —	46 —	401 —
30 —	249 —	47 —	416 —
31 —	256 —	48 —	431 —
32 —	262 —	49 —	448 —
33 —	269 —	50 —	466 —
34 —	276 —	51 —	484 —
35 —	284 —	52 —	504 —
36 —	292 —	53 —	525 —
37 —	300 —	54 —	547 —
38 —	309 —	55 —	571 —
39 —	318 —	56 —	596 —
40 —	328 —	57 —	623 —
41 —	338 —	58 —	651 —
42 —	350 —	59 —	681 —
43 —	361 —	60 —	713 —
44 —	374 —	61 —	821 —

(1) C'est le tarif de la Compagnie *l'Union*.

Jeudi 15 octobre.

Mon sous-agent de Routine-Lornière m'envoie en toute hâte ce billet :

« Patriarche ne peut plus s'assurer. Sa femme le lui défend. »

Voilà une belle affaire perdue ! Mme Patriarche est une femme obstinée, et, pour comble de malheur, dans l'état intéressant où elle est, son mari ne voudra pas la contrarier. Pourquoi faut-il donc que la femme, la mère de famille pour qui, en définitive, l'assurance sur la vie est faite, soit ainsi, trop souvent, son adversaire acharné ! C'est désolant de voir là tant d'ignorance, d'insouciance et de superstition; il y a de quoi rebuter un agent des mieux trempés. L'an dernier, j'avais été moi-même à Longoreille faire signer une proposition à la veuve Deschoux qui venait de toucher 10,000 francs assurés à son profit sur la tête de son mari défunt. Tout était convenu, lorsqu'elle se ravise et vient au bureau, les larmes aux yeux, me dire que Deschoux étant mort par accident trois mois à peine après s'être assuré, c'est sans doute l'assurance qui l'a fait mourir. Elle n'en était pourtant pas très-convaincue, car elle a ajouté, sans cesser de pleurer : « *Je voudrais bien être assurée, mais à la condition de ne pas le savoir.* » N'est-ce pas incroyable ?

L'inspecteur de la Compagnie, l'excellent M. Victor Pertinax, qui m'a si souvent réconforté dans mes heures de découragement, et à qui j'ai raconté ma mésaventure, me dit avoir entendu, lui aussi, une dame s'opposer à ce que son mari contractât une assurance, par le motif que c'était offenser Dieu et douter de sa protection.

La religion ne nous prêche-t-elle pas la prévoyance ? Est-ce faire acte d'impiété que d'appeler le médecin quand on est malade ? Ces sottises me révoltent ! le préjugé a ici des racines si profondes qu'il résiste même aux exhortations de notre digne curé, qui m'aide quelquefois à convertir les incrédules. N'ai-je pas son nom dans mon registre d'assurances ? il y a déjà près de dix ans qu'il a constitué, au profit de sa sœur, une rente de survie (1).

Jeudi soir.

Le receveur de l'enregistrement, M. Fisc, se décide à contracter une *assurance vie entière à primes temporaires* au capital de 20,000 francs. Il a 40 ans comme Patriarche, mais, plus heureux que lui, il a une femme intelligente et raisonnable. Prévoyant qu'il prendra sa retraite à 60 ans et qu'alors son revenu diminuera de plus de moitié, il se demandait si le paiement d'une prime ne serait pas une charge trop lourde pour ses dernières années. La participation réduirait sans doute progressivement et éteindrait peut-être cette prime, mais M. Fisc voulant pouvoir compter d'une manière absolue sur son extinction certaine et complète au jour indiqué, je lui ai conseillé de faire une assurance à primes temporaires payables pendant vingt années seulement. La prime est plus forte : 792 francs au lieu de 656. M. Fisc a trouvé cette idée excellente. Il a, de plus, renoncé à la par-

---

(1) Il avait alors 40 ans et sa sœur 35. Il nous paie 323 francs par an pour lui assurer, quand il mourra, une rente viagère de 1,000 francs. (*Note de M. Lestimé.*)

ticipation, pour diminuer immédiatement la prime de
10 pour 100, ce qui la réduit de 792 francs à 713.
Assuré en cas de décès pour 20,000 francs, M. Fisc
ne soldera donc cette prime de 713 francs que pendant
ses vingt ans d'activité, de telle sorte que, le jour
où il prendra sa retraite, il n'aura plus rien à payer
à la Compagnie.

Samedi 17 octobre.

J'ai fait signer aujourd'hui une police d'assurance
mixte de 10,000 francs sur la tête du jeune Véloce,
le fils de notre voisine, qui est employé, avec un fort
joli traitement, dans une grande maison du Havre et
qui est venu passer ici quelques jours. C'est un garçon prévoyant, qui veut laisser un petit capital à sa
mère, s'il meurt jeune, et en jouir lui-même à 50 ans
s'il atteint cet âge. Le tarif des assurances mixtes
est naturellement plus élevé que celui des assurances
vie entière. Ainsi, pour laisser 10,000 francs à sa famille, s'il meurt pendant le dernier quart de ce siècle,
ou pour toucher de ses propres mains cet argent, s'il
est vivant le 17 octobre 1899, Véloce, qui a 25 ans,
paiera 876 francs par an. Pour une assurance vie entière, semblable à celle qu'a manquée M. Patriarche,
il n'eût payé pour 10,000 francs que 221 francs de
prime annuelle. Je lui avais remis, il y a huit jours,
un exemplaire du tarif ci-après.

ASSURANCES MIXTES (1)

ou

PENSER A TOUS LES SIENS SANS S'OUBLIER SOI-MÊME.

—————

Primes annuelles d'une assurance de 10,000 francs,
payable à l'assuré après un certain nombre d'années, ou immédiatement
à ses héritiers, en cas de prédécès.

Avec participation de 50 °/° dans les bénéfices.

AGE de L'ASSURÉ	APRÈS			
	10 ANS	15 ANS	20 ANS	25 ANS
21 ans	960 francs	618 francs	455 francs	364 francs
25 —	969 —	628 —	465 —	376 —
30 —	979 —	639 —	478 —	390 —
31 —	981 —	641 —	482 —	394 —
32 —	983 —	645 —	484 —	397 —
33 —	986 —	647 —	487 —	401 —
34 —	988 —	650 —	491 —	405 —
35 —	990 —	652 —	494 —	409 —
36 —	992 —	656 —	498 —	415 —
37 —	995 —	659 —	503 —	420 —
38 —	998 —	662 —	507 —	425 —
39 —	1001 —	667 —	513 —	431 —
40 —	1004 —	671 —	518 —	438 —
41 —	1008 —	675 —	523 —	
42 —	1011 —	681 —	530 —	
43 —	1015 —	686 —	538 —	
44 —	1021 —	693 —	546 —	
45 —	1026 —	700 —	554 —	

(1) C'est le tarif de la Compagnie *l'Union*.

Ce Véloce est un gaillard bien avisé, qui a l'esprit curieux. Il m'a posé une foule de questions; il m'a demandé et a lu attentivement, comme devraient le faire tous les assurés, les conditions générales de la police. Pouvant être envoyé, par sa maison du Havre, dans quelque pays lointain, il a voulu savoir le taux des surprimes de voyage établies par les principales Compagnies réunies en comité.

— Si vous ne voyagez qu'en Europe, lui ai-je dit, dans les mers d'Europe ou sur le littoral africain ou asiatique de la Méditerranée, vous n'aurez à payer aucun supplément de prime à la Compagnie; mais, s'il vous plaît d'affronter le danger plus grand des longues traversées ou de séjourner dans des pays plus ou moins malsains, nous vous demanderons une *surprime de voyage* qui, eu égard à la différence des climats, pourra varier entre 1/2 pour 100 et 4 pour 100 du capital assuré. Ainsi, pour l'Amérique du Nord, la Turquie d'Asie ou l'Egypte, vous ne paierez que 1/2 pour 100, soit (sur 10,000 francs) 50 francs; pour la Californie, 1 0/0, 100 francs; pour le Brésil ou les Indes, 3 0/0, 300 francs. Si vous bravez, au péril de vos jours, le soleil du Sénégal ou les miasmes du golfe du Mexique, la surprime s'élèvera jusqu'à 400 francs.

Véloce m'a consulté sur une autre éventualité. Il fait partie de l'armée territoriale en vertu de la loi du 27 juillet 1872. Il a voulu savoir, d'une manière précise, ce qui adviendrait de son assurance au cas où il serait appelé sous les drapeaux et où il aurait à combattre, soit pour le maintien de l'ordre à l'intérieur, soit pour la défense du pays.

Je lui ai répondu en lui donnant lecture de la lettre suivante, qui m'a été récemment écrite par la Compagnie.

« Ainsi que le fait connaître l'article 10 des conditions générales, l'assuré peut devenir militaire dans l'armée active ou dans l'armée territoriale, sans que sa police d'assurance en soit aucunement affectée.

» La Compagnie ne tient compte, ni des fatigues du service en temps de paix, ni de l'aggravation de risque qui peut résulter de la vie de caserne, ni même des dangers de la guerre civile. Ainsi, les assurés militaires qui ont pris part aux opérations du second siége de Paris et aux combats livrés contre la Commune, n'ont été sous le coup d'aucune résiliation, et n'ont eu à payer aucune augmentation de prime.

» La seule réserve faite s'applique au séjour de l'assuré militaire en Algérie et dans les colonies. Appelé en Algérie, même en temps de paix, il aurait à payer une surprime de demi pour cent du capital assuré. Dans les colonies il paierait la surprime des pays lointains.

» La résiliation n'est prononcée qu'en cas de guerre avec une puissance étrangère; mais, à côté de cette résiliation, se trouve indiqué le moyen de la prévenir. L'assuré peut dès à présent stipuler que, malgré son entrée en campagne, au cas de guerre avec une puissance étrangère, sa police d'assurance sera maintenue. Pour obtenir cet avantage, il doit en même temps s'engager à payer, dans ce cas, une surprime dont il n'est pas possible de fixer d'avance le montant d'une manière absolue, car, suivant le lieu et les circonstances de la guerre, le risque pourrait être en effet plus ou moins grand; mais, pour garantir à l'assuré qu'il n'aura pas à payer une surprime exagérée, la Compagnie consent à en fixer immédiatement le maximum et à promettre qu'en aucun cas cette surprime de guerre, qui pourra être moins élevée, ne dépassera pas 10 pour 100 du capital assuré.

» Le taux de la surprime à demander dans l'avenir, pour chacune des guerres qui pourraient éclater, serait d'ailleurs déterminé, non par la Compagnie seule, mais par un accord établi entre les principales Compagnies françaises d'assurances sur la vie. »

Véloce s'est déclaré satisfait de ces explications. Il a payé sur-le-champ sa prime, et il part demain matin avec sa police.

Le voilà promu à la dignité d'homme assuré.

On parle de faire une loi électorale et d'exiger des garanties. Je ne m'occupe jamais de politique. Plusieurs fois on m'a proposé de servir, par mes relations, telle ou telle candidature. J'ai toujours refusé; mais cette réserve, qui m'est prescrite par la nature des choses et dans laquelle je me renferme prudemment, ne m'empêche pas de connaître un procédé infaillible pour sauver la France, et d'avoir dans ma poche une constitution toute faite. En voici l'article premier :

Sont électeurs, sans condition d'âge, de cens, ni de domicile, tous les Français qui ont souscrit ou

*qui souscriront dans le délai d'un mois un contrat
d'assurance sur la vie et qui en paieront réguliè-
rement, sur leurs revenus ou salaires, la prime annuelle.*

Lundi, 19 octobre.

Le temps est affreux, il pleut à verse, et il m'est
impossible d'aller aux Ecus-Enfouis, où je devais faire
quelques tentatives auprès du fermier Jean Serré et
de sa femme. Je viens de relire, au coin de mon feu,
un chapitre de l'excellent livre de M. A. de Courcy,
intitulé *Précis de l'Assurance sur la vie*, et je ne puis
résister au désir d'en copier ici quelques extraits.
J'engage mon fils à les méditer :

« La clientèle propre de l'institution des assurances
» sur la vie, c'est l'homme de vingt-cinq à soixante
» ans, et surtout de trente à cinquante ans, exerçant
» une profession lucrative, père de famille ou seulement
» marié. Cette classe immense comprend tous les
» industriels, les commerçants, les fonctionnaires, les
» avocats, les officiers ministériels, les médecins,
» les agriculteurs, les artistes, les gens de lettres,
» les professeurs, les ingénieurs, les agents d'assuran-
» ces, quiconque travaille dans notre société laborieuse,
» où l'aisance est le fruit du travail. Elle comprend
» aussi l'élite des ouvriers..... La classe immense
» dont je parle, c'est la petite et la grande bourgeoisie,
» c'est l'ensemble des forces intellectuelles de la nation,
» et, en quelque sorte, la nation elle-même.....

» Le mariage est ici la vocation commune..... La
» famille est fondée : si les affaires sont prospères,
» si le travail est largement rémunérateur et permet
» des économies, je ne sais pas de meilleures condi-
» tions de félicité sur la terre.

» C'est l'honneur de l'homme et l'objet de son
» légitime orgueil que de se rendre le témoignage
» qu'en accomplissant l'auguste loi du travail, il pro-
» cure le bien-être de la famille dont il est le chef.

» Il rentre le soir, fatigué du labeur quotidien, mais
» le cœur content, trouvant à son foyer même, à la
» table qui s'allonge, près de la femme qu'il a choisie,
» au milieu de ses enfants jaseurs, le délassement et
» la paix. Il n'éprouve pas la tentation de ces dis-
» tractions malsaines qui sont un besoin pour l'oisi-
» veté blasée. Il ne connaît pas l'ennui. Pourtant un
» souci peut obséder encore sa pensée. Tout ce bien-
» être qu'il répand et augmente d'année en année, ce
» confortable de l'habitation et de l'ameublement, ces
» leçons, chèrement payées, de professeurs habiles, tout
» cela dépend des produits de son persévérant travail,
» et conséquemment de la prolongation de sa vie. Sa
» mort serait pour la famille qui s'élève le signal de
» la décadence. Il a connu particulièrement l'amer-
» tume de ce souci, un jour que la maladie le visi-
» tait; il en a gardé l'impression pénible, renouvelée
» par les catastrophes dont il a été témoin parmi des
» familles amies. Il a vu le bail résilié, le mobilier
» vendu, les serviteurs congédiés, les éducations in-
» terrompues, et la pauvre veuve allant cacher au fond
» d'une bourgade ou sous les lambris d'un cinquième
» étage son deuil et sa malaisance.

» S'il apprend alors qu'il existe à sa portée une

» institution qui peut lui enlever un tel souci; nul
» doute qu'il ne s'empresse d'y recourir. Or, cette
» institution existe en effet : c'est celle des Assu-
» rances sur la vie, et voilà pourquoi elle fait, depuis
» qu'elle est comprise, de si rapides progrès. »

Au nombre des obstacles qui s'opposent à ce progrès
dont parle M. de Courcy, il faut mentionner l'étrange
pusillanimité qui empêche certains hommes de penser
à la mort et de faire leur testament. Cette faiblesse
de cœur, exprimée en termes plaisants par un père
noble de vaudeville, à propos du contrat de mariage
de sa fille, lui aurait fait dire aussi, au sujet d'une
police d'assurance sur la vie : « *On ne parle que de
ma mort dans ce papier-là !* » Si les hommes étaient
sages, le meilleur agent d'assurances serait celui qui,
appliquant à la sécurité de ceux qui restent les
grandes paroles de l'Église, se bornerait à dire à tous :
Memento quia pulvis es !

Mardi, 20 octobre.

Mme Patience, la femme de notre brave instituteur
communal, est accouchée hier d'une belle petite fille.
Le père, qui, grâce à son pensionnat et au greffe de
la mairie, jouit d'une assez bonne position, est venu
me demander le moyen d'assurer une dot de 10,000

francs à sa chère Francine quand elle aura vingt ans. Je lui ai indiqué deux combinaisons : l'Assurance de capitaux différés et l'Assurance à terme fixe.

D'après la première combinaison, lui ai-je dit, la Compagnie vous paiera 10,000 francs si Francine est vivante le 20 octobre 1894, mais à la condition de recevoir, chaque année, de vous ou de vos héritiers, jusqu'à l'époque indiquée, une prime de 276 francs. Si un malheur arrivait, les primes payées seraient acquises à la Compagnie, et cette épargne serait perdue pour vous, à moins que, par un sacrifice nouveau, vous ne fassiez une contre-assurance, pour laquelle vous auriez à payer, en cinq ans, cinq primes additionnelles de 106 francs chacune.

Je lui ai mis sous les yeux le tableau suivant :

ASSURANCES DE CAPITAUX DIFFÉRÉS

ou

LA TIRELIRE DES ENFANTS ET DES GRANDES PERSONNES

ENFANTS				
AGE ACTUEL de L'ENFANT	PRIX D'UNE ASSURANCE DE 10,000 FRANCS payable le jour où l'enfant atteindra l'âge de :			
	18 ANS		20 ANS	
	PRIME unique.	PRIME annuelle.	PRIME unique.	PRIME annuelle.
0 an ou pendant les 20 premiers jours .	3,007 fr.	323 fr.	2,734 fr.	276 fr.
De 20 jours à 3 mois .	3,359	328	3,052	280
De 3 mois à 1 an. .	3,893	362	3,538	307
3 ans.	4,598	441	4,179	369
5 ans.	5,245	541	4,768	445

GRANDES PERSONNES				
AGE ACTUEL de L'ASSURÉ	PRIX D'UNE ASSURANCE DE 10,000 FRANCS exigible :			
	APRÈS 10 ANS		APRÈS 20 ANS	
	PRIME unique.	PRIME annuelle.	PRIME unique.	PRIME annuelle.
20 ans	6,092 fr.	753 fr.	3,684 fr.	284 fr.
25 ans..	6,057	750	3,668	283
30 ans	6,030	748	3,613	279

(C'est le tarif de la Compagnie l'Union.)

Mais, ai-je ajouté, j'ai à vous expliquer maintenant
la seconde combinaison. Vous avez trente ans et vous
vous portez bien : faites une assurance à terme fixe.
Il sera convenu alors que, moyennant une prime
annuelle de 371 francs, qui, au lieu de se prolonger
nécessairement jusqu'aux vingt ans de Francine, cesse-
rait d'être due si vous veniez à mourir, fût-ce demain,
la Compagnie paiera les 10,000 francs, le 20 octobre
1894, à vous-même, à Francine, si vous le préférez,
ou, à son défaut, à tous autres héritiers ou ayants
droit indiqués par vous ou appelés par la loi de succession. La prime est plus chère, c'est vrai, 371 fr.
au lieu de 276; mais je vous conseille néanmoins,
dans votre intérêt, d'adopter cette forme d'assurance,
dont voici le tarif :

ASSURANCES A TERME FIXE [1]

OU

LE TRÉSOR LIVRABLE A QUI ET QUAND VOUS VOUDREZ

Primes annuelles d'une assurance de 10,000 francs,
payable, au bout d'un certain nombre d'années, soit à l'assuré lui-même,
soit à ses héritiers au cas de prédécès.

AGE de l'ASSURÉ	PRIMES ANNUELLES ASSURANT 10,000 FRANCS APRÈS :			
	10 ANS	15 ANS	20 ANS	25 ANS
21 ans	846 francs	523 francs	362 francs	266 francs
25 —	851 —	527 —	366 —	270 —
30 —	857 —	533 —	371 —	275 —
31 —	858 —	534 —	372 —	276 —
32 —	859 —	535 —	373 —	277 —
33 —	860 —	536 —	374 —	278 —
34 —	861 —	537 —	376 —	279 —
35 —	863 —	538 —	377 —	281 —
36 —	864 —	540 —	379 —	282 —
37 —	866 —	542 —	380 —	284 —
38 —	867 —	543 —	382 —	286 —
39 —	869 —	545 —	384 —	288 —
40 —	871 —	547 —	386 —	290 —
41 —	873 —	550 —	388 —	292 —
42 —	875 —	552 —	391 —	295 —
43 —	877 —	555 —	394 —	298 —
44 —	880 —	558 —	397 —	301 —
45 —	883 —	561 —	400 —	304 —

(1) C'est le tarif de la Compagnie *l'Union*.

Jeudi, 22 octobre.

La colère m'étouffe et l'indignation me suffoque. J'étais tranquillement occupé à revoir mes comptes, lorsque je vois entrer un de ces jeunes gens frisés, parfumés, étriqués et blasés, qu'on appelle à Paris *petits crevés.* Je le connaissais de nom. Son père, M. de la Créancie, habitait le château, aujourd'hui vendu, qui domine le coteau des vignes. Sans autre préambule, ce freluquet m'annonce qu'à la veille d'épouser une riche héritière, il veut souscrire une assurance vie entière de cent mille francs, pour garantir la dot qu'il va recevoir du père. Cette idée me plut. Ma première impression m'avait trompé sans doute, et j'avais devant moi, contrairement à ce qui se passe d'ordinaire, un sage déguisé en fou. — A merveille ! lui dis-je. Dès que le docteur Bromural aura constaté votre bon état de santé, l'affaire sera conclue. — Quoi ! vous exigez un examen médical ? s'écrie le jeune homme. J'ai une légère maladie de cœur, mais qu'importe à votre Compagnie ! je ne tiens pas du tout à lui coûter 100,000 francs. Il ne s'agit pour moi que d'un trimestre de prime à payer et d'une petite comédie de famille à jouer pour mon futur beau-père. Il me demande des garanties ! une toquade ! Eh bien, je lui en apporte, des garanties : je m'assure ! Seulement, le contrat signé, le mariage fait, la dot payée, adieu l'assurance !

J'ai mis à la porte cet aimable polisson, mais j'en suis malade.

Si le bon M. Brid'oison, que je rencontre quelquefois à notre cercle des Cucurbitacés, avait connaissance de cette tentative d'escroquerie, il ne manquerait pas de me répéter, en branlant la tête, que l'assurance sur la vie, puisqu'elle peut servir à de telles machinations, est dangereuse et mauvaise. Mais de ce que, pour commettre un faux en écriture publique, le coupable a dû autrefois apprendre quelque part à tenir une plume, faut-il conclure à la nécessité de décréter l'ignorance obligatoire et réserver le prix d'excellence à l'écolier qui porte habituellement le bonnet d'âne ?

En allant hier à Ténébroux, par le petit sentier, toucher la prime du forgeron Brafort, assuré par moi depuis que l'usine où il travaille a mis en pratique la participation du personnel aux bénéfices du patron, je me suis arrêté longtemps devant une fourmilière qui me barrait le chemin. En voyant chaque ouvrière apporter son contingent de richesse, puis retourner en toute hâte au travail pour chercher un autre fardeau, et en admirant le merveilleux instinct qui préside à cette organisation méthodique de l'épargne, je pensai soudain que j'avais sous les yeux l'image d'une de ces Compagnies d'assurances où les pères de famille viennent, l'un après l'autre, déposer les primes, les parcelles d'épargne qui garantissent l'avenir et forment peu à peu des montagnes d'or. Mais tandis que chez les fourmis tout s'entasse pêle-mêle au profit de la masse, la prévoyance, dans nos opérations, joint à la solidarité un caractère tout à fait individuel. Rien de plus curieux et de plus instructif, à ce point de vue, que l'étude des cahiers d'inventaire de la Compagnie. J'ai visité un de ces cahiers lors de mon dernier voyage à Paris. On y trouve les noms de près de huit mille assurés. Eh bien, chacun d'eux a son compte ouvert, son compartiment spécial, sa cellule, sa provision pour lui et les siens, sa réserve, mathématiquement et minutieusement déterminée, police par police, à chaque inventaire, grâce à des milliers de calculs !

Le chiffre de la réserve étant ainsi strictement proportionnel à celui des affaires conclues, il suit de là qu'à *honorabilité égale*, une Compagnie qui assure 100 millions de capitaux ne présente pas moins de sécurité qu'une autre dont les risques en cours atteignent ou dépassent 300 millions. Chez les fourmis comme dans nos Compagnies d'assurances, la réserve totale est certainement fixée d'après les besoins. La grosse fourmi australienne appelée Atta n'a pas moins de 2 centimètres de long, et, avec ses vastes magasins qui répondent aux dimensions de son estomac, elle n'est pas mieux garantie contre la faim que notre petite fourmi française.

Vendredi, 23 octobre.

J'ai manqué l'affaire des Écus-Enfouis (1). Après avoir conservé, depuis 1870, quinze mille francs en or, au

---

(1) Jean Serré, qui a 45 ans, et sa femme, qui en a 40, devaient faire, au profit l'un de l'autre, une assurance vie entière de 10,000 francs, sur leurs deux têtes, payable au premier décès, moyennant une prime annuelle de 585 francs. (*Note de M. Lestimé.*)

fond d'un pot de grès, le père Jean Serré les a jetés hier dans les Mines de phosphate de l'Estramadure et il ne veut plus entendre parler d'assurance. On dit que, trop longtemps gardée sous les verrous, la jeunesse, au premier jour de liberté, s'émancipe et fait des sottises. C'est l'histoire de ton magot, père Jean Serré !

Samedi, 24 octobre.

Dindonnot, qui tient une auberge à la station de la Dure-Teste, m'avait bien promis, lui aussi, lors de la naissance de son dernier enfant, de faire un contrat à terme fixe. J'y suis allé hier. Il m'a reçu d'un air contraint et m'a avoué que j'arrivais trop tard. Un monsieur vêtu d'un bel habit dont Mᵐᵉ Dindonnot avait remarqué les superbes boutons, était descendu la veille à leur auberge. Il ne leur avait été présenté ni recommandé par personne, mais il porte le titre d'*Archi-délégué* d'une Compagnie, riche à milliards, appelée la *Tontine universelle des petits berceaux*. Ce monsieur a fait des promesses tellement magnifiques et si formelles que, dans l'intérêt de leur petit Jules, ni lui, Dindonnot, ni Mᵐᵉ Dindonnot ne s'étaient cru le droit d'hésiter.

— Votre tontine universelle et son faiseur de dupes, m'écriai-je, vous ont fait prendre des vessies pour des lanternes ! C'est la juste punition de cette crédulité qui se mêle chez vous à de si étranges défiances. Que j'avais eu de peine il y a huit jours, moi que vous connaissez depuis vingt ans, à vous faire comprendre la loyauté de nos opérations et les garanties que vous offrait ma Compagnie ! Il suffit aujourd'hui, pour vous séduire, des propos d'un inconnu, d'un passant qui vous a trompés sans vergogne et que vous ne reverrez jamais !

Maudits charlatans ! ils nous rendent pénible et amère une tâche déjà bien difficile ! Ils gaspillent, ils profanent effrontément la confiance que le public, livré à lui-même, aurait dans les opérations d'assurances. Chat échaudé craint l'eau froide. Le père de famille mystifié par la *Tontine* ne veut plus entendre parler d'*Assurance*, bien qu'il n'y ait pas plus de ressemblance entre elles qu'entre le jour et la nuit. « En versant 100 francs par an, leur crie-t-on à grand renfort de grosse caisse, vous assurez 10,000 francs dans 20 ans à votre enfant ! » Il ne m'a pas été difficile d'expliquer aux Dindonnot l'impossibilité de tenir une pareille promesse. Ils m'ont écouté bouche béante; mais, au fond du cœur, ils espèrent néanmoins. N'ont-ils pas dans leur armoire une belle police imprimée en caractères indéchiffrables et signée, au nom du Suprême Agent Central de la Tontine universelle, par l'Archi-délégué qui a de si beaux boutons ?

Lundi, 26 octobre.

Ces Dindonnot sont des gens simples et illettrés, mais que dire de M. Coffrelourd, le riche escompteur? Voulant s'assurer, il a jeté son dévolu sur une Compagnie étrangère qui imprime ses réclames au dos d'une valse fantastique surnommée *la Danse des écus*. Je n'ai pas manqué de lui envoyer malicieusement sous bande le jugement rendu le 28 juin 1873 par le tribunal de la Seine contre le *Gresham*. Cette Compagnie anglaise refusait aux héritiers d'un M. Gommez-Britto le paie-

ment d'une assurance de 60,000 francs, en alléguant une résiliation qui n'avait pas eu lieu. Elle a été condamnée, « Attendu, dit le tribunal, que les allé-
» gations produites aujourd'hui par la Compagnie
» *Gresham* sont en contradiction avec les termes de
» la correspondance échangée entre elle et les
» assurés. » Je plains les assurés dont le gage disparaît dans les brouillards de la Tamise ou dans les épaisses ténèbres de certains comptes rendus. Les statuts, le capital social des Compagnies étrangères ne sont ni autorisés, ni contrôlés par le gouvernement français. Qu'arrivera-t-il si, dans dix ou quinze ans, on oppose à la famille Coffrelourd une chicane analogue à celle dont le *Gresham* a gratifié les héritiers Britto ? Les procès sont toujours désagréables, mais on prétend qu'à Londres ils sont particulièrement longs et coûteux.

J'ai joint à mon envoi : 1° deux numéros du *Moniteur des assurances*, racontant la faillite des Compagnies anglaises l'*Albert* et l'*European*. Le déficit de cette dernière s'est élevé à 25 millions de francs ; 2° les jugements et arrêts rendus par le tribunal et la Cour de Besançon et par la Cour de cassation elle-même au profit de Mme veuve Franchebois contre la *Banque de l'Allemagne du Nord*, qui refuse de payer la somme assurée sur la tête du mari. La justice française a parlé, mais il faudra plaider maintenant devant la justice étrangère pour obtenir une *ordonnance d'exécution* qui n'est pas toujours accordée ! (1)

Ah ! le bon billet ! ah ! la bonne police qu'a là ce gros Coffrelourd !

---

(1) Aux termes de ses polices souscrites à l'étranger, l'*Union* déclare accepter la juridiction des tribunaux du pays.

Mardi, 27 octobre.

L'assurance sur la vie a deux grands ennemis : le préjugé, qui la calomnie, et l'esprit de spéculation, qui la dénature. J'arrive du chef-lieu, et voici ce que j'ai vu. De nombreux passants s'arrêtaient dans la grand' rue devant un tableau représentant une femme, les yeux bandés, et debout sur une roue dorée. Au-dessous du tableau s'étalait cette inscription en lettres gigantesques :

A LA ROUE DE FORTUNE

LE GROS LOT

Compagnie d'assurances sur la vie.

Un homme aposté sur le trottoir, à l'entrée de l'établissement, distribuait des prospectus et criait d'une voix enrouée : *La liste des numéros gagnants!* Quelques badauds s'engageaient témérairement dans l'allée obscure.

La police d'assurance, cet acte si sérieux, si intime, si respectable, ce symbole d'abnégation et d'amour du foyer domestique, va-t-elle devenir un appât pour les gens avides et un amusement pour les joueurs? Changée en billet de loterie, passera-t-elle de main en main comme une carte sur un tapis vert? Rien ne serait plus funeste. Mêler le jeu à l'assurance, c'est la corrompre et la pervertir.

J'ajoute avec Buffon que « le grand art du faiseur de loterie est de présenter de grosses sommes avec de très-petites probabilités ».

Mercredi, 28 octobre.

Un de mes premiers assurés de la ville, M. Linon, marchand de nouveautés, qui avait souscrit à 30 ans, en 1854, une police vie entière de 30,000 francs, et dont la prime devait être payée ce matin, m'a apporté, au lieu d'argent, l'aveu de ses embarras. Son magasin est encombré de marchandises, tandis que dans sa caisse règne un vide affreux. Plus de chalands, mais la certitude de voir se présenter à la fin du mois les porteurs de plusieurs billets. Je ne puis plus vous payer, m'a-t-il dit avec tristesse. J'ai eu bien tort de me faire solder toujours la participation en espèces, au lieu d'opter pour la réduction de ma prime ! Mon assurance va être résiliée. Je vais perdre ainsi tout le fruit de mon épargne !

— Vous n'avez pas lu votre police, ai-je répondu. Elle va être, non pas annulée, mais réduite, ce qui est bien différent. Vous ne nous paierez plus rien et vous resterez cependant notre assuré. Seulement, la Compagnie ne devra à votre décès que 13,947 francs au lieu de 30,000.

. — Mais j'ai absolument besoin d'argent pour le 30. Que pourrait me prêter la Compagnie sur une police ainsi réduite ?

— Les trois quarts de la valeur de rachat, c'est-à-dire 4,976 francs.

— Il me faut davantage. Si je rachetais ma police, qu'obtiendrais-je ?

— C'est alors 6,635 francs, c'est-à-dire 44 pour 100 des primes versées, que nous vous paierions de suite. La valeur de rachat, qui varie aujourd'hui, suivant l'âge de l'assuré et la durée de sa police, entre 35 et 50 pour 100, est calculée d'après des bases mathématiques concertées entre les principales Compagnies. Il y a uniformité à cet égard, comme pour les tarifs et les conditions générales.

M. Linon semblait trouver trop faible cette somme de 6,635 francs. N'oubliez pas, lui dis-je, que vous êtes notre assuré depuis 20 ans, et que nous avons couru ainsi, pendant 7,300 jours le risque quotidien de payer à votre veuve 30,000 francs. Votre maison et vos magasins ont été assurés aussi pendant le même temps contre l'incendie. Rien n'a brûlé, et cependant vos primes sont bien acquises à l'assureur. Nous vous avons vendu ainsi tous les matins une provision de sécurité dont vous avez joui, en ce qui concerne votre vie, comme vous jouissez, pour l'immeuble, de votre police d'assurance contre l'incendie. Nous avons bien et légitimement gagné ce que nous vous retenons.

Jeudi, 30 octobre.

Il y a deux catégories de rentiers viagers : les époux sans enfants, Philémon et Baucis, et les vieux célibataires. Au nombre de ces derniers se trouve l'ancien coq de notre cité, le beau, le spirituel, l'élégant, le recherché M. V. Sauly. Le brillant tourbillon dans lequel il a vécu tant d'années a depuis longtemps disparu. Au bruit des fêtes a succédé le silence, à la vogue l'abandon, aux succès de toute sorte l'oubli involontaire ou prémédité. Ni sourires ni caresses autour de son triste foyer, où les tisanes dont il abuse lui sont versées par une servante acariâtre. Ce pauvre Sauly, chauve, perclus, goutteux, ruiné par sa trop longue jeunesse, promène mélancoliquement au soleil d'automne ses rhumatismes et ses regrets. Il est venu m'apporter cette après-midi tout ce qui reste de sa fortune, 30,000 francs, pour les placer en rente viagère. Il a 61 ans. Au taux de 10 fr. 10 c. de rente par 100 francs de capital, la Compagnie lui servira, par semestre, 3,030 francs de rente annuelle. Je lui ai donné un exemplaire du tarif ci-après.

Samedi, 31 octobre.

J'ai remis à V. Sauly son contrat signé. Il descend l'escalier avec précaution, appuyé sur sa canne.

Pauvre vieille cigale qui vient, en payant sa petite place, demander asile à la république des fourmis!

RENTES VIAGÈRES IMMÉDIATES SUR UNE TÊTE (1)

ou

LE PAIN DES VIEUX JOURS

Taux, pour 100 francs, d'une rente viagère, avec abandon des arrérages échus au décès.

AGE du RENTIER.	RENTE PAYABLE		AGE du RENTIER.	RENTE PAYABLE	
	par semestre	par trimestre		par semestre	par trimestre
	FR. C.	FR. C.		FR. C.	FR. C.
41 ans	6 60	6 54	66 ans	11 28	11 12
42	6 72	6 67	67	11 54	11 37
43	6 81	6 76	68	11 83	11 67
44	6 93	6 87	69	12 05	11 87
45	7 06	7 »	70	12 32	12 13
46	7 21	7 15	71	12 57	12 37
47	7 35	7 28	72	12 82	12 62
48	7 50	7 43	73	13 08	12 87
49	7 66	7 59	74	13 33	13 11
50	7 82	7 74	75	13 59	13 37
51	7 99	7 91	76	13 85	13 62
52	8 17	8 08	77	14 11	13 87
53	8 34	8 26	78	14 40	14 15
54	8 51	8 42	79	14 72	14 46
55	8 75	8 66	80	15 16	14 88
56	8 96	8 86	81	15 53	15 23
57	9 21	9 10	82	15 90	15 59
58	9 43	9 32	83	16 20	15 88
59	9 64	9 52	84	16 40	16 16
60	9 86	9 74	85	16 75	16 41
61	10 10	9 97	86	17 02	16 66
62	10 31	10 17	87	17 20	16 84
63	10 51	10 37	88	17 38	17 01
64	10 76	10 61	89	17 54	17 17
65	11 01	10 86	90	17 70	17 32

L'âge du rentier et l'intérêt viager correspondant se fractionnent par quart, de trois mois en trois mois; mais il n'est tenu compte, dans le calcul de l'âge, que des trimestres révolus. — Ce tarif, commun aux deux sexes jusqu'à 66 ans, est augmenté progressivement, à partir de cet âge, en faveur des rentiers du sexe masculin. Ainsi, un rentier (homme) recevra, à 66 ans, 11.35 0/0 au lieu de 11.28 ; à 70 ans, 13 au lieu de 12.32 ; à 75 ans, 15 au lieu de 13.59.

(1) C'est le tarif de la Compagnie l'Union.

TABLE DES MATIÈRES

IMPRIMERIE CENTRALE DES CHEMINS DE FER.

A. CHAIX ET Cie

RUE BERGÈRE, 20, PRÈS DU BOULEVARD MONTMARTRE, A PARIS. — 2495-5.